太極拳透視

眾妙之門・中卷 5

高層次之領悟

陳傳龍——著

| 目 錄 |

陳傳龍 ─────────────────────

更深萬籟寂，靈氣歸向身。
嬌嬌花不語，悠悠樹無言。
清霧伴月色，繁星見人間。
心神連天地，意氣廣無邊。

拳架與推手

　　拳架就是推手，推手就是拳架。

　　一般往往認為拳架與推手是分開的二件事，其實二者是一體的兩面，太極拳是拳術，練拳架的目的即是為了推手，所以拳架中所學的練的全是推手之法；推手中所用的，全是拳架中練的功，二者因果相連，密不可分。既是拳架，自要有拳術之功，所以練拳架有如練兵，練推手有如用兵，因此練了拳架，自應已能推手。會拳架而不能推手，原因在於所練的拳架實非拳架，只是一個姿勢動作，內中全無太極拳，即是所謂的空架子，嚴格而言，不能是拳架，更非太極拳。

　　所以拳架並不是有了姿勢動作就會了拳架，推手也不是有了姿勢動作就是會了推手，都要有內容與作用。

　　太極拳是內家拳，練的是內練之功，由於是內練之功，而能養生祛病，益壽延年，既是拳術，又是養生之功，功在內練，不在外面形式。由於內容精深，非一般性的運動，而有經譜歌訣。經譜歌訣所言，全是內練之功，是太極拳的本體所在。諸如拳經云：「一舉動，周身俱要輕靈」、「其根在腳，發於腿，主宰於腰，形於手指」。行功心解云：「以心行氣」、「以氣運身」、「意氣須換得靈」、「行氣如九曲珠」、「運勁如百煉鋼」、「往復須有摺疊，進退須

有轉換」。十三勢歌云：「轉換虛實須留意，氣遍身軀不少滯」、「刻刻留心在腰間，腰內鬆淨氣騰然」，多不勝舉。

　　所以太極拳運作的全是內練之功，非外面的姿勢動作。自己一個人打拳是一個人在練推手，所謂「無人若有人」，打的全是推手之法。與人推手，是兩個人在各自練架，所謂「有人若無人」，雖有人在前，而我心靜神寧，不慌不忙，以自己練架之心對應。

　　太極拳自古以來難為人知，故古有「練太極拳者多如牛毛，神而明之者，代不數人」之言。十三勢歌云：「若不向此推求去，枉費工夫貽嘆息」。拳論云：「差之毫釐，謬以千里，學者不可不詳辨焉」，都是由於一般往往誤認太極拳，提示大家不要枉費功夫。

　　其所以自古難知，由於太極拳本是內練之功，而多以外面的拳架招式為太極拳，又不可用力，因此全無作用。輾轉相傳，由是肢體動作的拳架招式就成了一般心目中的太極拳。所以各家先輩宗師，都有太極拳不在外形姿式之言，此在各家傳承的著作中，都可看得到，既不在外面姿式，外面姿式又何能是太極拳！太極拳又不是外家拳！

　　太極拳雖內容深奧，但初學有二基本法則，第一，在動作中要全心全意求周身的鬆柔，不要全心全意求外面姿

式的如何,此即拳經所言「一舉動,周身俱要輕靈」。第二,絕對做到不動肩與手,一切姿式都要由腰胯的動作變出來,此即拳經所言「其根在腳,發於腿,主宰於腰,形於手指」,亦即「由腳而腿而腰,總須完整一氣」,能如此而練,太極雖不能至,亦已相去不遠。

由是可見,一般往往認為練拳架招式是練太極拳,從經歌宗師所言,就已知道練拳架招式並非太極拳,並無太極拳的意涵與作用,既無拳術,也無養生之功。

陳傳訊 | 謹述於臺北
2018年7月19日

沾連粘隨

　　拳術在一般的心目中，無非使用拳打腳踢，所謂近摔遠打，這是人人生來都能的肢體動能，這是外家拳的功夫。太極拳是內家拳，完全不一樣，完全不使用這樣的外在肢體動能，而是使用內勁的沾連粘隨。打手歌云：「引勁落空合即出，沾連粘隨不丟頂」，即言太極拳使用沾連粘隨。要沾連粘隨就要不丟頂，要不丟頂就要沾連粘隨，二者意涵是同一個方向的。

　　沾連粘隨四字從字面上講，沾是把一樣東西沾起來，例如筷子上面用了口水，就可以把米粒沾起來；連是二物相連在一起；粘是把一樣東西粘住；隨是隨著外物一起走動。言沾連是只要沾到就可連，只要連到就可沾。言粘隨，是粘住了就隨著外物一起走動。但無論沾連或是粘隨，必須本身是一個沾粘的東西，才能有作用。沾連粘隨雖是四個字，作用是相連一氣的，能沾就能粘，能粘就能沾，能連就能隨，能隨因為連。物質的沾粘是沒有思想的，太極拳的沾粘是由思想來運作的。

　　一般的肢體動作是不可能沾粘的，太極拳之所以能沾粘，因為太極拳是內家拳，以內勁為體，一般拳術以肢體為體，太極拳以內勁為體。內勁本身是一個沾粘體，柔軟而有力量，與人接觸就令人有沾粘的感覺，所以要能沾粘，

必須修習內勁，將身體轉化為內勁。要轉化為內勁，不但必須求身體的鬆柔，並要以心神意修習內在氣勁。柔軟的肢體及氣勁都是內勁，能有內勁乃能沾連粘隨，沾連粘隨與內勁是分不開的。

　　人一拳打來，一般的拳術多以肢體動作招架反擊，太極拳不這樣，而是運用內勁與人沾連粘隨，彼進我退，彼退我進，不丟不頂，形影相隨，不即不離，以化人來力，令彼處於背勢，無從攻我，我則隨時可以出手攻彼，其中隱含陰陽相濟之理。即陰不離陽，陽不離陰，陰消陽長，陽消陰長，陰極生陽，陽極生陰，此即拳論云「無過不及，隨曲就伸。人剛我柔謂之走，我順人背謂之粘。動急則急應，動緩則緩隨，雖變化萬端，而理唯一貫」，其中已道出了太極拳的大道理，無過即不頂，不及即不丟，隨曲是彼進我退，就伸是彼退我進，整個而言即是沾連粘隨不丟頂。人剛我柔謂之走，不外是彼進我退；我順人背謂之粘，不外是彼退我進，完全體現了陰陽之理用之於拳術，雖變化萬端，都不離這個陰陽變易的道理。沾連粘隨即是運用陰陽變易之理，用諸於拳術而為太極拳。

　　平時二人演習推手，其精神即是練出此沾連粘隨之功，愈練愈精。拳論云「由著熟而漸悟懂勁，由懂勁而階及

神明」，著熟即是本此沾連粘隨之功以為用，在自己走架之中，練身體的柔綿，氣勁的通達以為體，只要身體柔綿，氣勁充沛，自會產生柔綿的沾粘之勁。由此可見要能沾連粘隨，自己先要成為一個沾粘體，一個堅硬的東西是不可能沾粘的。許多硬著手搭到人身上，說已被粘住了，事實上一點都不粘，一定要有柔軟的身手才能有沾粘的作用，擺到人身上，人就會有被人粘住的壓力！

　　要成為沾粘體，初學者可先求周身的柔軟，能柔軟就能有內勁。要周身柔軟就不可用力，並要做好沉肩、墜肘、涵胸、拔背、鬆腰、坐胯，以及虛領頂勁，以使身上大關節處處都鬆開，以求身法的柔軟，此不要在動作中被破壞了，所謂「身法不破」。在動作上要以伸縮、絞扭、開合（將身放大為開，收小為合），替代一般性的動作，這就可以在動中求得柔綿，並是在培養內勁。功深以後，亦可有氣勁的產生。若用一般性的動作，必定一動就產生僵力，還何能鬆柔？不言可知。若問何為太極拳？答曰：內勁的沾連粘隨也！拳論所言，全是沾連粘隨，其中隱含陰陽變易之理用諸於拳術。

陳傳毅　謹述於臺北
2018年7月19日

太極拳 | 透視 |

1997/12/1 —— 放鬆腋下掛腰胯，彎腰駝背氣下田。

空胯為力，胯一空，力甚大，此乃勁。「空胯」、「扭腰」、「臀胯要空」，力留在身內不出，則勁生，不出力則勁大。

12/2 —— 勢已盡，不能向前時，我以身伸縮發，彼跌甚遠。

纏要一有壓力即纏，彼壓我，我即纏。兩大腿要率先而動，帶動全身，被推失勢多因大腿未及先動，而落後於上身所致。

12/4 —— 只以意想著有一螺形在旋轉即可，在虛處，在空中轉，不在身上轉，彼不知所措。

別記要訣：
大腦為天，小腦為地
八線扶我，動用八線。（八線指四肢前後之線）
旋纏。（化中寓攻）
以意縮骨，氣向下練。
怪、趴、吸。
洞中真龍，伸縮。

身似浮木沉石。

鑽洞而過。

就虛、找虛、用虛。

以呼吸、粘連、纏絲，結合一體。

被推出都是大腿及腳跟不上外來形勢，以大腿及胯先反應，則有進步。

在與彼力接妥之時，想到腰一張開大口，就可發人，輕輕一想即可。

12/6 —— 以腿之伸縮來練，力不可超過腰。退以腰力縮腳，進以腰壓腳，腰腳結合運動，完全是下盤之伸與縮，配以鬆胸背，以使力下沉於下盤。

如力不由脊發，在他處發就僵，故要運用脊力。練時要以慢慢地拉開筋練。

任何姿勢發勁，手不可向外伸，只在自身內舒伸即可。不可有俗發之想，一有發想，勁立即走漏。要想自己在做一彈簧，要單勢練，符合勁不出門（身）之意旨。

12/7 —— 推手要心繫於兩大腿，方可以腰腿反應，不要忘了腿，忘了就空了，意在腿、臀，腿腰即可率先

應對（先動），如不在，即落後於手。要定住胯、紮住跟勁，使上空下實。

12/8 —— 粘虛處、避實處（一羽不加）。以伸縮為呼吸，與纏結合，一動即吸，一吸即纏，一靜即呼，一呼亦纏，吸蓄得足，呼發得透。

呼以柔身，吸以空身。

12/9 —— 以伸縮力纏（乃內在氣勁纏，非形纏），伸縮和呼吸結合以致柔，昂首、彎駝以助勢。

12/10 —— 氣不可在上，要控制在下盤，力求身穩。我氣有時在上，以鬆腋、彎駝等助之下。

意想用胯張大口，胯張大口即可發放。

12/11 —— 力限制在大腿及腰胯來發，力大效大。

撐總是不可，站時腿懸於腰脊方合法。

12/12 —— 纏要做到「**一羽不能加**」，使人著不到我身，內含粘化。

各關節放大發力大，要多練收放關節。

纏以「大小」，「大」勁向前為攻，「小」勁內

收為握，身一大，勁即向前；身一小，勁即回收。

12/13 —— 被推或推人均用吸，效大，吸彼之力。人若挨我，我「**什麼都不理**」，不理人之心要延長到底，要徹底，彼即彈出，效大，才合太極拳法。

12/15 —— 定住腰椎，胯、腿始易旋扭。以力留腰胯來發，效大。

以拳掌擊人，以伸出臂擊，力留腰胯，力始大。以腰椎與臀腿拉縮發，不可想用手發。

12/16 —— 纏、粘、貼彼身，吸彼力，在伸縮中纏，或在大小之中纏。

動中求定住原形（肩手）不動，乃拉腰、胯筋之佳法，故要留住力、留住形，只以腰胯來動。

12/17 —— 化時不想化，只想定住胯，紮住跟，任彼來推，身自柔，則不化自化。心中定住胯不動，定住之力就是勁。力不出胯，身即柔。不動身動胯，動身就是俗動，身必僵。

12/18 —— 腰或胯張口，或空胯，就產生發力，乃是

勁。

12/19 ── 力留在身內方有勁，要意動而身不動，意發而身不發，身不動意動。

12/20 ── 要會引，引之入網。

推手，就是勁的運用，勁乃內勁，要知如何運用內勁。

「**勁不出門**」最好之方法就是用旋或纏，只要用旋或纏，勁就留在身內，可意動身不動。

勁留身內與纏旋不可分開，要旋纏，就得將勁留於身內，要勁內留就得用旋纏，定住腰脊或胯則易纏。

纏旋時氣向骨內斂。

「**空**」──接住後以放空胯發，以實處放空發，在無法發放之態勢，以空腿使彼跌出。

12/22 ── 以空為發（即放大、化風），空實處。以旋為發，不可用推出之想，旋即可。以皮毛不動為發，即以皮毛發勁之想發人，即內動，勁不出身。

12/24 ── 坐時要胯落檔開。

12/25 —— 站著不倒，不是靠撐住，而是從頭到足之節節鬆開、似斷猶連，方能「**柔中寓剛攻不破**」。

打拳以勞宮、湧泉、百會、尾閭、腰椎都轉，氣遍周身，十分舒暢。

12/26 —— 節節貫串、似斷猶連纏，才能柔。

12/27 —— 勁留在大腿應對，大腿單獨應，不用他處。

節節斷即可，全身節節斷掉，身即柔（以崩為柔），全身即空，空就是力，以空為力，乃是勁。

12/29 —— 發用纏即可，不必刻意作「發」，且力大。纏，不可只纏，要有攻有化，合為一體，以伸縮帶動纏，伸縮即呼吸，通達四肢。

旋轉之勁要纏到手，用手勁纏，才可及彼身。

能纏化一體，化中自有發有攻，無須刻意攻發，寓攻於守，寓發於化，化中有發。

12/30 —— 攻發時要以意動氣，氣留身內（自打自，氣不出身）。還是要用虛棄實。用八條線最具體，以求「解糾結」。

【拳論解】

拳論是太極拳的理基，說明了太極陰陽變易之理，在拳術中應用而為拳術，由於理本太極而為太極拳，實為太極拳之為太極拳的根源。一定要符合拳論所言之理，才能真是太極拳。

1、「太極者，無極而生，陰陽之母也。」

由於太極拳理本太極，所以首先提及太極。

無極乃渾元之氣，由於宇宙間先是虛無，而後生一氣而有無極，後分出陰陽而生太極，萬物的陰陽皆由太極而來，故是陰陽之母。由於是最初的陰陽，乃為太極。

2、「動之則分，靜之則合。」

太極有動有靜，動的時候陰陽即分而顯示，靜的時候陰陽即合而不顯。在太極拳，人若靜而不動，我就不知其陰陽虛實何在；彼若一動，陰陽虛實即現，我可乘機運用。

粘住之，使彼無法猝然來襲。防彼猝然來襲，我即要有危之想，此即「我意在先」、「我機在先」、「我勁在先」，極輕極輕。

1998/1/4 ── 腰腿胯各節互動，與人玩時即生發。練功在練內勁之變化，以八線為根來變化，即絲狀之勁在身內變化不停，不可只管運氣。

以變化之想，不用動之想，即靈活甚多，而能周身氣勁活潑變化，使人無以捉摸。氣勁要有變化，不可只運氣，運氣則滯，變化則靈活。

1/5 ── 每動（發），都有抓老母雞似的態勢（即趴），或作臥倒之想，不可只動而已。凡發勁之用勁，全在以兩脇鬆落帶動胯檔發。用總總意想來發，如抱肚、趴、臥、倒……等，無非是鬆兩脇，以使力集中於胯發放，比用蹬及坐胯之力為佳。用鬆落兩脇即可。

1/6 ── 氣充滿檔內外轉動以活腿，不要想腿動始活。遇壓有頂力時，以身如磚崩之想，身即鬆，功效即生。

1/8 ——不可碰彼，或以纏攻彼，只可以旋纏貼彼、粘彼。

　　架要練，要在柔中求筋骨變化，在筋骨變化中求柔，變化要生纏，此為基本，乃「先利其器」。以虛處用纏發之，用胯噴氣發，甚佳。向後噴較向前噴為佳。

1/9 ——不要發，以氣由胯噴出即可，或由腰椎下灌。周身氣走化時以一胯定住不動，以保持胯腿不倒。發時不可用發，要以胯噴氣，使無俗力。

1/10 接手以準備用胯球（胯上意想的球）擊發為基本，不可隨意接手，乃可靈活快速。以軟弱無力練方能柔透，生內勁。

1/11 ——「勁變時必先鬆胯」，確是柔身之鑰，可不變自變。

1/12 ——柔化要柔胯，不可上柔下撐。

　　大開大闔乃可柔順和暢，如想打拳運氣則滯，要有大開大闔化解彼之大動作之想，只想大開大闔則功不顯。

化解大動作，或自作大動作，即生大開大闔。大開大闔能提起神，可大呼大吸，氣在周身，則周身和暢；大開大闔用臍呼吸以放（噴）氣發時，將氣留而不放，則勁大。

忘其有己，忘其有事，刻刻就虛八線為用，或以脊為用。意注身外，注身內為人所乘，用纏發力大。

1/13 —— 以意在身外纏試，彼感覺更無可應對。

要找好退路，若頂住不退則不能靈活，隨時要找退處以配合大開大闔。

1/14 —— 旋轉關節發力，氣由關節歛入骨內。

要找旋纏，綿綿不斷，不要找如何動，動即不要動，要纏。不是動，用旋代動，纏很好用。

1/15 —— 既意、氣、力、形均在下不可在上，意氣就要在練時壓在胯腿，即氣走胯腿，使上全空。要守住腿與脊椎成一條線，方身穩，使上下一氣。開檔發，由尾閭尖開到腳發得遠，拔彼根。

1/18 —— 用彎駝，勁自下沉於胯。

1/19 —— 只找轉，不找動。只在身內化，彼無壓力，以吸彼硬力化，彼才感到壓力。

1/20 —— 轉腰脊中小點，全身氣纏。

1/21 —— 於百會、湧泉、大椎轉，對方有壓力而不知來力。用虛處旋圈，對方亦不知，故可用虛處旋應對來敵。

　　彼怎麼來，我怎麼柔以化來勢，甚成功。

　　練架時，就要練此柔身。

1/22 —— 轉百會、湧泉或腰椎，則人無法應對，動彈不得。轉要求柔、求鬆、求貼。

1/23 —— 以百會轉，或脊椎，或腰椎轉，皆可使人無法動彈，可制彼；若以四肢關節轉，則彼可活動。蓋百會轉向下，會全體轉。

1/28 —— 太極者，陰陽一氣相連，雖二猶一，雖一猶二。陰動陽靜，陽動陰靜，陰消陽長，陽消陰長，所謂「陰陽相濟」。

1/30 ── 吾脊與腿連成一線，讓人摸不著。

1/31 ── 在彼身內找虛旋氣，則彼無可應對，故不可待彼之力化之，應找彼身之虛轉之。我以氣在任督走圈，彼亦有壓力，以湧泉、百會轉彼，化彼之大力，甚有效。

2/2 ── 以腰椎向下與腿腳玩，可練下部。化中手不動，要用身，有效。

2/3 ── **柔**─練撐得住，就僵；練倒得下，就柔。要全柔，不可稍有僵，動必以先鬆開尾閭，若仍不鬆，則鬆關節，尤其是胯，依不同情況，鬆一關節即可。

不可動實處，找虛線來動，即用過的已不可再用，必須換新（虛）處。

以呼吸動，不以鼻以身呼吸。神合於外，配合鬆開尾閭及用虛處呼吸。

怎麼動，就怎麼柔，全在使彼落空。

2/4 ── 大腦為天，小腦為地，並纏，則因全身氣動，故可制人。

留力在身內發，同用虛處，柔要綿，不可稍斷。

要有動即柔，端賴以腰胯呼吸動。

應敵不可只注意接處，要以全體之氣全動因應，相接之事，想都不要想。

2/5 ── 旋轉身上皮毛勁最大，全體纏勁更大。

以網網住彼身，彼實來，我以虛處網之。用柔則勁越大，彼更不知。攻中以化彼之實，捉彼之虛。以網貫入彼身（在網住之情形下）來發，纏腰脊等局部勁小，全身纏始有威力，以四肢纏，帶動全身纏。

2/6 ── 太極拳的道場在身內不在外面，所謂內形與外形，太極拳是內形而非外形。

2/7 ── 推手中不斷弓腰、收胯（胯向後抽），即覺得化得甚清。故無論動靜均要不斷弓與收，是為要訣。

2/8 ── 不是化與不化，而是不要頂，要陰陽相濟，避實就虛，實變虛，虛變實，不可停。意在身內只化彼無壓力感，待我充足氣，則彼壓力生。我以意包彼，彼有被網住之感，我與彼二體合為一，避實捉虛，陰陽相濟，二人合為一太極。

2/9 —— 纏旋時，要找出發線（虛線），有發線方為成功之勁，發線多在腿部及腳上。

2/10 —— 不用力身才柔，全身各處都一樣，不可有力撐著，要放開，彼力壓來，如果撐住，則反而無用。要不撐，將力放掉沉於腳，則身柔，彼即無著落而失敗。

2/11 —— 練倒得下，不練撐得住，倒時找虛線扶己身，怎麼倒怎麼扶。

2/12 —— 練倒得下要以氣圈，在腳上轉動成「8」字形，腳始穩。

2/13 —— 氣集中大腿，一動大腿（身亦變柔），彼即跌出。

2/15 —— 用實處不倒，為撐；用虛處穩住自身不倒，為化。不要穩身不倒，由彼去推，我用倒之狀態反能放鬆自己，並用虛處擊之。

　　纏中以虛處為用。

　　把上身的「動」，以柔身化給下身去動，就可身

不亂動。

2/16 ── 力既全交與呼吸，全身就不要動，連動意都不可有，一有動意，身就僵，呼吸亦要用腿力，上身全空，一切讓與下行。

　　由腰椎一直鬆至尾閭尖，每動必如此，則身不僵（即彎駝加開襠）。

2/17 ── 氣沉於下，與地相合，不可斷，斷即無根而身僵，身不可有雙重，由脊鬆至尾閭。

　　進退往復，都要有圓在轉，不可直線走，或散亂無圓。圓在身各處，依勢而定，由圓生纏。

　　呼吸時用勁要圓順，不可有硬動。沒有動，只有呼吸。

2/19 ── 打拳若一直動下去，雖可連綿但身僵。要動即以不動去打，或找虛處動，身即柔，因係用虛處去動。一直連動，用的是實處，故僵。故太極拳不但不是以打人來練，而是練不可打人，即不可動，要動就是一個圈圈，無圈非太極。

2/20 ── 兩人對練，要互相摸勁，不可亂推。如摸成

相頂抗則雙方都有錯誤，向前頂者應立即放開頂處，另用虛處攻之，抗者應立即斷胯鬆腰，立身中正，順勢引之，使之落空而倒。

2/22 —— 腰腹氣分別上下旋轉，彼壓力即大。

2/25 —— 柔是基本，不是動，要作柔，柔不下就是敗，能柔就是勝。弓步時，身躺在實腿上就很柔了，後弓步時，身坐在小腿上也很柔。要練柔，柔得長。

2/26 —— 氣由腳底上升，每動必如是，始身柔根穩，上身空虛。

推手不攻彼上身，攻彼之腿腳，氣由上身下運至腿，由腿攻彼下身。

2/27 —— 拳乃練氣之下運也，氣要在下，不在上，即混濁之氣下沉，清氣自然上升。

2/28 —— 每動，均存定住原式不動之心為柔身之法。

氣向下練。

用手相頂時，改用肘即生效。

3/2 ── 勁不可深入彼身，深入即為彼知，故勁不出門（身），即勁不可經由手通入彼身，僅以神意與彼相接，我以氣到手上後，不入彼身而向己身反流，人不知我勁，照樣倒退，且稱厲害甚多。

今天全以呼吸代動，一要動就用呼吸，身乃柔，動即身僵，呼吸時更要消除身上僵，氣運向下，始完美。

3/3 ── 只柔還不夠，要旋、纏、轉，才足以應付來力。

3/4 ── 不要純化而無攻，要保持用化來攻，攻要用化，名為化，實為攻。沒有肢體運動，只有呼吸運氣，內氣與外氣相應相濟；只有想不要動，氣在周身行代動。如要動，只動腰胯，不可身動。

3/5 ── 受來力即扁，扁不好即用敗，敗不成即用崩。

推手第一步先在佔勢，不可互相亂推，又想到檔中有股氣隨動而鼓盪變化，彼即覺我身柔很多。

3/6 ── 化中仍要有粘隨纏引拿之心，以制住、攻破

對方，不可只用化。

引者使彼失勢，我佔順勢而已。

立身怪怪的乃是必須之勢，方能身鬆而腳有根，動時以伸縮腰胯來動。

3/7 ── 推手要攻，但要化彼實攻彼虛，先佔勢，後攻彼（己身如燈泡，神入彼身似亮光照彼）。

3/8 ── 立身怪乃不可少，以冷閒攻人，人無以抗，故以虛處攻，化彼實，陰陽並用，始為太極。

人力加我，我引之左去，右隨後攻之；引之右去，左隨後攻之。只要一氣完成，不可分開，此亦即太極。先找定來力之中點，以明彼虛實，我以之攻彼之虛，化彼之實，以虛閒處攻彼虛，此為太極之妙用。

凡推手，心中要存有太極之陰陽二氣之想，即虛實，以來力之力點為中心，然後實化虛攻，即化實就虛，以我之虛吸彼之虛，以冷吸彼冷，己身冷難找時即化熱為冷，此為太極之應用。

假想兩腿不停快跑，氣在腿走，則身不亂動。

3/9 ── 「跟」，在來力之後跟之，以化來力。故化

來力，圈不能亂轉，要順彼來勢，隨後跟之而轉。

「**倒**」，就是順勢倒，不可不倒，不倒即為抗，順勢倒的結果是「彼倒，我不倒」，如不想倒則成「我倒，彼不倒」。倒時同樣用陰化陽跟，形成太極。

以腰或胯旋踝，於是全體關節隨之均旋，所謂「**一動無有不動**」。旋時，其要訣在於心中求其他關節使之不旋，自會隨動，可以不令人知我之動。如用全體關節一起旋動，不但身僵且必為人知，而知如何攻我。動旋時要以「懶得動」之心才能柔，越懶越柔，做事要勤，練太極要懶。

「**發**」，當要發時，如氣在皮毛筋肉，將氣猝收入骨，或猝吸於腰椎一點發。如氣已吸入身內一點，則以將氣猝然爆大來發。

3/10 —— 伸縮、拉拔脊骨，以脊呼吸為練拳之要。立身怪即脊弓，方可練柔身，故立身要怪（弓身坐胯開檔）。

動先求保持原地不動，動即用呼吸，不可亂動。

自身找不到虛處時，一調整腰胯，虛即現。

一切全在體悟脊之伸縮與呼吸，氣貫於掌，以柔為用，以足為根。

3/11 —— 粘化纏合一，即以化為攻，攻中有纏。

一旋無有不旋，旋一處，其他各關節定住不旋，因不旋反可隨旋方合。

3/12 —— 以腿吸脊，即下盤吸上盤，擊力大。

調整腰胯之所以能發，乃因一調整腰胯已在動，虛實即分清，虛已擊出。

要學倒得掉，倒得妙，必須心中用第三隻腳，撐在下面。

不斷的伸縮腰腿，欲伸即縮，欲縮反伸，即伸中有縮，縮中有伸。

不但要知敵，更要料敵，所謂「料敵如神」。

3/13 —— 嘗見彼請人推他，他即將人攦到身後，此乃人以力推來，他即用跟彼力後，以意抱彼腰腿，彼必倒出。此即人推來，我即避過彼力，作將彼腰胯抱起之狀。

弓箭步時兩腿一夾收，後胯即向前發勁。

動先調整腰胯，以清虛實，動中仍要有動而不動之心，以活氣之運行，乃能得柔。以腰脊伸縮，配以鬆足塌踝並旋扭。

扭旋不可旋肌肉，旋則為人所知，要旋關節中心

一點及骨內，或在身外纏，或用欲旋即有不旋之意，乃能得柔，不為人知。

3/14 —— 看彼何招來，我以何招應，順人之勢，借人之力，即為借勁，順借時以順勢抱彼腰腿為主。例：如人推來我跟彼之後抱之、攞之，甚效。

以虛實擊發，例如，以一手用勁向一方假拉為虛，配以另手向十字方向實擊，或以勁向彼一處虛攻，即猝以另處實擊之。

接手時引出彼勁實處，自生虛處，即引出虛實來，方可應用。

用脊伸縮，仍要用氣上下行走，不可用身上筋肉之力，氣在脊上下對流。為因應來力部位不同，用脊之一點為力點（即身繫於該點），上下移換，則靈活無比。

3/15 —— 練縮骨之術，下肢各骨節、上肢各骨節，包含手指、足趾及脊椎各節，均縮中有放，放中有縮，均為意氣運動。

用縮骨身才柔，要縮得巧妙。

縮骨事實上就是運氣，將氣收放。

3/16 —— 轉動不可有不活之處，有不活即要放鬆以求圓轉得過去，而不致被推到，即處處要圓活無滯，一切在身內氣勁，不在身形之變化，一切運動都在渾身圓球之滾動，不可亂動，並配以縮骨，始有在抱肚時將脊收入腿內之功，則更佳。

實胯常要鬆而無力，不可有力，身乃柔活。

3/17 —— 要靈活轉過去，要用縮骨之術乃靈活。

用筋包住骨發，一包即發，發力大，上下氣合橫膈膜氣亦大且快。

3/18 —— 轉得過去要靠縮脊，即「軟綿縮小巧」，不僅單純轉過去，轉中更要有攻，有粘貼、連隨，一縮脊即攻過去，縮時脊要向下與腳配合。

動中要有逆向操作之意，即欲進反退，以退為進，以退之力推動前進，內有不想動之意，左右上下亦然，更要求柔，求柔亦用反向操作，如此練，內勁方生。

3/20 —— 運動全在「軟綿縮小巧」，縮腰脊即可，將各關節縮入腰脊。

站時要身柔，柔化要柔硬處，一有硬即柔之。

彼後退走化，跟彼要用拔彼鞋之意，使彼跌出。其實每跟都要用拔彼鞋跟之意。前發時用肘拔己之鞋跟，則腰腿勁即出。

找虛線運氣，不可在實處運，使人無從捉摸。綿綿的走、綿綿的找虛線運氣。

3/21 —— **呼吸配合動作**—腰脊一縮，氣即吸入，一伸即呼出，要訣在純是想腰脊之一伸一縮，不想動作，姿勢自成。

氣一直向身內吸，吸足自然就能蓄勁，就可發。意入身內一點、或脊中一點，均有發力，或立即由動歸靜，發力更順。

3/22 —— 打拳好像出大力來打，蓄時要有準備出大力之意，一蓄一發，要所謂「**須認真**」。只有縮骨柔行氣，沒有自動。任何發都要氣先向腳衝，然後反彈出，不可直接衝向人，用虛線發亦如此。

縮骨即吸氣，放開就呼氣，此柔行氣、呼吸之良法。

一吸一呼，一開一合，一蓄一發，全在呼吸，沒有自動，自動即身僵。

3/23 —— 肩臂、各關節、身軀均似水上飄浮物，雖浮實沉，浮中有沉。「**軟綿縮小巧**」以求吸氣，氣放開充於皮毛就是呼氣，一呼一吸，自然舒暢，似在水中游泳，又似在空中飛翔，全要求柔。

身之各處似浮木沉石，則身鬆，想快跑但無力跑，則身柔，內勁出。

倒時以膝向下跪之勁即可不倒，下跪可將僵力合歸於膝下小腿，使身不倒，身倒小腿不倒，周身仍柔綿。

3/24 —— 不要用氣，要用全身之骨粘提彼身，由各關節轉動為領導。由於不用手，手就很輕，不為人知。佔勢粘提彼發之，全在佔勢粘提。

旋纏為攻人。彼急攻我身，我急旋化發，彼慢進，我以意運骨纏粘佔勢，制之、發之。

一遇窘勢，即怪趴解糾結。每動必先怪趴，以求得機、得勢。

3、「無過不及，隨曲就伸。」

　　不可太過，也不可不及，隨彼之伸我就曲，就彼之曲我就伸。在太極拳的拳法中，彼若用力推來，我就順勢隨彼之進而退；彼若後退，我即就彼之退而進，要不可相頂，不可脫離。這是取法太極的陰消陽長，陽消陰長，陰不離陽，陽不離陰之理，太極拳中所言的沾粘連隨、不丟不頂，即是本於此理，是太極拳取法太極之理的基本大法，拳論後文所言皆本於此理而言。

4、「人剛我柔謂之走，我順人背謂之粘。」

　　是言在進退來往中，彼用剛強之勢攻我，我以柔弱之勢退讓不爭，這種方式叫做「走」；我求順勢迫彼處背勢，這種方式叫做「粘」，說明太極拳在拳術中的攻守方式，其中即含陰陽消長之理。順是優勢，背是劣勢，也不外是「無過不及，隨曲就伸」的運用。

3/25 —— 一遇卡，卡處即轉圓球，使無卡處。有卡即旋球。

妙哉！與人粘必求順佔勢，但如與人粘，已故作背勢，作很背之勢讓人打，反可獲得機勢，因虛處即明顯，可以虛制彼、發彼，原因在於我一作背（敗）勢，身已全柔。

3/26 —— 在卡處轉球，用之化發，甚效。

3/27 —— **練神**—以神假想，左重則左虛，同時右進，右重則右杳，同時左進，一氣相連，左右同時而來，則虛一點（左或右均可），進時左遇頂即虛，改右進。右遇抗即杳，改左進，遇壓即杳即刻轉進他處，用意想係在練神。進而言之，在伸縮時亦不可只化，要此縮彼伸，遇壓即縮，而他處一氣伸貼，極靈極快，即生發勁。全以神行，融於起居之間練習，遇壓力即虛，他處已進，遇二點，只化一點。

鬆—敗即是鬆，敗乃筋肉敗，神不敗，尾閭務必要鬆，放開尾閭即不僵。

要人不知我，先要自己對己身內沒有感覺到有物，有感覺即鬆開。

全體之運動全著力於各關節之圓轉，尤其是哪裡

著到力，即要圓轉哪裡，與伸縮融合為一。各點之轉動要擴及全身方效大。受外力攻來，一定要腳腿先於上身反應，走化不及，全因下身腳腿反應落後之故，故人一觸我，腳腿要迅速反應。

3/28 ── 人力加我身上一點，我以此為圓心（即支點），用圓周上一點發之（有圓心就有圓周，全是心中的想像），用得靈活，即無往不利。如彼制我兩點，我以兩點之中間點為圓心，以圓心發之、化之。

3/29 ── 求勝、求不倒，一定會僵硬，求敗、求倒，始能柔而不倒。故心裡要調適好，倒時只要小腿不倒，身即柔，就可不倒。彼要我倒，我順勢敗倒，不先不後。

3/30 ── 用氣由手向身內一點吸來打，力大。緊急反應以內動為最快。
　　練兩腿或兩胯軟弱無力，以生柔勁。

3/31 ── 神宜內歛，神向身內收歛，可吸氣入骨，氣宜鼓盪，氣充周身，使之鼓盪。以身內外氣合一鼓盪，發力，較只在身內好得多。

4/1 —— 神宜內歛、氣宜鼓盪為練功之本。靜為以神縮骨歛氣，動為氣之鼓盪。

全在「**軟綿縮小巧**」，歛神歛氣為合，開則隱身化風，一開一合來練，功無限量。

其次，軟化全在依賴脊之伸縮呼吸，不可靠腿力撐，用腿力既不柔亦不順，腿要柔，力全繫於脊，則柔順無礙。

要用閃開之意，人襲我，我閃身走化，以用腰胯為最靈快。

4/3 —— 凡動不可亂動，要用閃展之心來動，如此則腰腿腳一氣相連。

4/20 —— 走架應求內動，如動外形，一定生僵勁，內動全在用意作身內變化，乃可節節貫串。

氣要與地氣鼓盪，天氣只是吸入身內，拳到高境界，只是以意鼓盪氣，沒有凡動。要練倒得柔，而非撐得住。

4/21 —— 隱身化風中仍要避實就虛。練柔化得掉，不可練撐得住，知彼要來，我已先倒，使彼落空，以彼擊我之點為圓心，以圓周一點還擊之，平時做此假想

以練神。

　　接引來力，以腿氣先變化運轉，腳勁始不浮動，上身全空，氣不超過腰。

4/22 ── 要使氣在腿內運轉，要以腰使腿、使膝、使踝，方可達成運轉。

4/23 ── 要使氣在腿內應對，用氣在腿內纏旋即可，氣即不上浮而腳有根。

4/24 ── 遇力纏旋時，要隱身化風、神氣內斂、一氣完成。凡動都是如此，一遇彼頂力即旋纏之。

　　走化時，腿要儘量大開、大展，活動要靈活，不可圍住不動。

4/26 ── 動則身內氣必須一同運轉，所謂一動全動（是以腿氣運轉為主），此要用扭腰、旋纏為之乃奏效，氣在腰腹與腿氣相結合運轉。

4/27 ── 以湧泉呼吸地氣為主，而非一味以俗動。吸以縮骨，呼以化風，呼時心中要丟卻身體之骨肉，只氣呼出方可。

練兩腿之氣要因勢變動，不可撐住不動，以化彼之勁。

任人來推，我專心一致以胯求柔。

以腿走化，方能使腿靈活。以腿之彎屈、伸縮、扭旋走化來勁，方能上空下實，隨時注意周身之圓活鬆柔，無使稍有阻滯。

4/29 —— 要伸中有縮，縮中有伸，處處都要這樣，尤其在兩腿。由頭頂到腳，由手指到腳都要這樣，方能全身一動無有不動。

以腿勁走化，上身即可全空，乃能全鬆。用上身運氣則上身有力，上身氣只能行走於脊骨。

4/30 —— 動要用虛處著力，身上方無僵力。如一時找不到虛處，即用不想動之意，虛處即現，然後再動之，此為動之妙訣。

頂住時，或被抓緊時，以向彼無力處（虛處）鑽脫。以我身之冷點，擊彼身之冷點，均甚有效。千萬不可與彼力相頂抗或打去，徹底避開兩力相接處，以虛處發彼才是。

5/2 —— 運用腳底之勁拉動全身筋骨與胯骨來錯動。

欲使力不傳至上身，在拉拔時配以弓腰。勁在腳底之拉拔，活潑在胯骨之錯動，膝關節之轉動。

5/3 —— 心中已有下一招式，不可亂動，要原姿原形保持不動之意，此時只要扭動腰胯以下肢做招式為要，下一招式要自然形成，即前寫「**致定致中，不動自動，不招不式，變在其中**」。

發勁時亦然，當已接成，周身不要動，只腰胯腿發力，對方即被發出，同時要化脫彼力，意念要純真，不可稍有發放或動作之意，要有以胯動發放之意。

以只動下肢化脫對方之力，較易行。

5/4 —— 相接（頂）住找不出虛實時，要用鬆柔己身找出來，再以虛處發，事實上，虛實一分，即已發出。

發時用原姿原式不變，只以動腰胯之意擊發，上身不動。

5/5 —— 兩胯骨不能撐死，要錯動，內勁始不僵滯。

全在內勁之活潑錯動旋扭，以腰主宰下盤。

只要彼加力制我，我即可發之，用以冷擊冷，練

時要有假想彼力加我身，方有具體感，無論誰，只要加力我身，即授與我可乘之機，力不加於我，即無力可用。

吸時以意將下肢上縮，將氣吸向腰腹，呼時將氣由腿中吐出。吸時氣由四肢百會皮毛吸入骨內及身內，呼時由腿吐出。只有呼吸即可，無須用動作打拳。

5/6 —— 要用敗心身才真柔，乃筋肉敗，意領氣在運轉，筋肉全敗，無力可用則身柔，但氣充全身，內外氣貫通。

腿氣不可停，要綿綿運轉，以腿應敵，用似遇強手之心，則力全在腿中（全在用下半身應對，不是全身）。

腰胯下肢要應變快速，跟得上外變及上身之動，一般總是跟不上，如跟得上即不敗。每一對抗都以肉體失敗之心丟卻肉體，才能柔透，神未敗。不用敗意，用空亦可。

5/7 —— 任何動之先，先隨便調動一下腿，以腰胯調動，即可下盤先動，周身全柔。

5/8 —— 一切動作變化，一刻都不能離開腳上之變化，身勢始穩。練拳是動中之求靜（不動），是求從後天返先天，靜為先天一氣，由動而生陰陽，陰陽生萬物，在太極拳是意氣無窮變化。

5/9 —— 借天地氣而用，非用本身之氣，發放乃可輕靈。身軀不可稍有動意，要「**靜如山嶽**」，天地氣吸入身後流動，即「**動若江河**」，全在以意想像，非關身軀之動。亦可借（吸入）樹木、日月星辰、浮雲之氣用之，鼓盪、纏繞，用外氣不用自身之氣，身軀如山嶽之屹立不動方可行之，身軀自然隨動則無妨。

借外氣吸入體內應用，其旋纏要與腳中氣和諧一致，根方不浮。如腳氣與身氣和諧一致，即使身動亦無妨。

5/10 —— 要有臀不離地之意，動時臀每離地而致身浮，臀要與地沾粘不離，使勁不上浮。

要以似從洞（圈）中鑽過（進）縮回（退）之想打拳，甚實用，此乃啟動內勁。

一有壓力（頂抗）即軟綿，一有動意先軟綿，以求無有，乃練拳之基，一有僵力即軟綿，全身透空。

以冷處擊彼無力處，主要是用腳腿動。

5/11 —— 意也要柔，身未動意先柔，身有僵力速速柔。

　　一有頂抗身軀急速敗下，一有動意，即動不成，均要放下不動，即前力只許敗，不許勝，由後柔克敵，前力不撤退，後柔無從生。前力敗去，後柔自生，不折不扣的以無力克有力，以柔克剛，硬力遇柔力（內勁）一定敗。有硬力，有動念，均不合拳理，自然要敗去。去了動意及硬力，柔勁自出，合乎拳理，自可克敵。故一有僵力即自敗，一有企圖心即撤去力，不使成事，無堅不摧之柔力即生，乃內勁，即未動先敗，以上為柔身之心法。

5/12 —— 以調整內在筋骨來打拳，不是動外形，動之前先調整骨節，以脊胯為主體。如此周身始靈活無滯，但仍要加纏繞，勁始強。

　　不作內部調整即生僵力，調整以脊、胯為主，筋肉敗時，骨亦要順勢敗。

5/13 —— 不是動，以抽拉兩腿之筋為線狀拉來動，非整個腿，身即柔而穩，如一動即亂，即有僵力出現。抽拉可做纏繞狀，均在腿內，不在別處，可與腰脊相合。兩大腿及胯要軟弱無力，凡站立均如此。

5/14 —— 鑽洞很實用，任何俗動之意圖均要放棄。受壓時身軀作敗，即可鬆開。

走架以抽拉兩腿之虛筋為力而動，以內部骨節變動伸縮來走化，即變化柔順靈活，任人推拉，均不能阻我走架。

5/15 —— 動非常動，乃縮骨、伸骨之動，骨節變動之中要有纏吸，故有「縮、纏、吸、敗、慢」五字，湧泉（兩足）、勞宮（兩手）、百會五心要配合旋動。尋虛用虛，虛為新生，實為熟，用之則僵。

縮脊從足跟（旋踝）開始，使勁走周身，全身勁向足跟吸。

5/16 —— 氣充於手臂方可制人，不在手臂彼即無壓力感。彼力抗不易制時，我以氣歛入骨，彼即敗退，可見氣歛入骨之功。蓋因彼不知我勁，無從相抗之故。氣要歛至腰椎，勁乃大。

平日練架以似用大力之意，乃有必要，因勁可整並沉於下，如無此意動即散亂，要有搬天動地之氣概，但力用而不得出乃成，全在用意。

5/17 —— 以試彼，勁縮入骨彼全不知，只用在骨內

旋彼不即倒，要在脊內旋，始能有用，以之試他人亦然，人稱有壓力，但不知力從何處來。

氣貫於臂掌，力大增，氣在臂纏繞即充於臂。

5/18 —— 不是動，是氣在身中運轉，要和順，不可有阻滯，用虛處、閒處運，氣即和順，卡處轉球就靈活，千萬不要運實處之氣，如運之即力顯，為人所知。

5/19 —— 抽拉兩腿之筋帶動胯脊骨節，胯脊帶動四肢。

5/20 —— 把虛實分出來，才可應用。

5/21 —— 好像背上背著重背包，腰才弓。

5/22 —— 做抱擒，非攻非守，意在作勢擒之，用時以大腦為天，小腦為地。

5/23 —— 人推來要順勢閃身，向後攦之，不可只化了之，彼如有頂抗即再順勢送之，此乃借勁。不可只化不攦，其要點在閃身使之落空。

5、「動急則急應，動緩則緩隨。雖變化萬端，而理為一貫。」

　　彼快我就快，彼慢我就慢，完全是在表現不即不離、快慢相隨、陰陽消長之理，雖然變化萬端，都不離這個道理。

6、「由著熟而漸悟懂勁，由懂勁而階及神明。然非用力之久，不能豁然貫通也。」

　　太極拳取法陰陽變易之方式叫做「著」，由於著的純熟而漸漸悟得其中作用的運用，這叫做懂勁，由懂勁而漸漸達到神明的境界，但這要經長期的研練方能悟明其中的道理。

5/25 —— 動不但是伸縮旋纏，身內逆力相爭十分重要，即前進時假想被阻擋住不能進，退轉亦然。動時假想被卡住腰胯而不能移動，如此就只有內部意氣轉動。

兩手拉不回，用吸氣拉；推不動，用呼氣推，練內部氣之力。

5/26 —— 吊襠空胯腰圓旋，受壓打時，全身之柔旋變化，均以此為用。身外形不變（頂住），全以此使內部勁氣流旋纏變應付，為氣下沉之佳法，以求上空下實。

5/27 —— 拳全在逆向爭力。

5/29 —— 不可只纏腰胯，若纏勁不能到手上，則不能制人。故手上要有纏勁，不可只腰胯有。另在纏中就虛，用虛處纏繞，效果大很多。

5/30 —— 動時只想內部動變，不想外形動，與腰胯被套住在圈裡同理，動必用虛處纏。

6/1 —— 要做到呼吸縮骨纏合一。

6/2 ── 心中求柔要在練中培養，呼吸乃吞吐天地之氣，呼吸伸縮旋纏合一，以似穿退衣褲之意為之較易做。腰胯被套住，就全為內動。

穿退主要是衣袖、褲腳，即四肢之伸縮旋纏，主要在配合腰脊扭動。

想做動作（外形）而未動，此為用意而未用力，亦未運氣。若意在運氣則身有呆滯的感覺，氣自隨意動，則無呆滯感，故曰「**意在精神不在氣，在氣則滯**」。

6/3 ── 動作中身無僵力之法有數種：

1、以呼吸代力。

2、伸縮扭纏之內動。

3、想動作而未作之意動。

4、致定致中。

5、以意合天地之氣而動，吞吐天地之氣。

6、用虛處。

7、慢而不用力。

呼吸代力，一有動，立即用呼或吸代之。

氣要充於掌指不可斷，掌指有抓、插、砍、推等之意而不露形，全在用氣。又要大中寓小、小中寓大，一剛即柔，一柔即剛，意在用剛即生柔，意在用

柔即生剛。陰陽相生、陰中寓陽、陽中寓陰，才為太極真象。

　　左旋就要有右旋，一攻即寓化，一化即寓攻，進退亦然。

6/4 ── **阻擋住**─粘沾彼身，彼用頂住，我不可再進迫，應假想手被牆或樹擋住已不可進似的，即生內勁。再者，凡欲前進或後退時，必假想腰胯被套住不能進或退似的，必如此始有奇效。

　　總之，每遇進時，或退時，或移轉時，移動處總被擋住不能進似的，則全為內勁動，否則為外動。

6/6 ── 每動，都練用下身解除上身之壓力，上身不自解，上敗下不敗，下敗中不敗。

　　對付笨力，我以避實貼虛，彼即節節後退，無以為抗。

6/7 ── 以內勁動才能粘纏，如稍用外動效果即減，內勁要收歛入骨，以脊為主軸。

　　彼在後抱我雙臂，我用倒攆猴解之，彼被摔出。

6/8 ── **意在人先**─彼我相接，在彼未攻我之先，我

已明白彼如何攻我，我已有應對之方，即意在人先。

6/10 —— **不可猝動**—意欲動時必欲右先左，或停看聽先求靜，或先鬆腰胯，始能圓順，即所謂「**折疊轉換**」，練到成熟時要一想即成，轉變極快，凡意欲動時均要如此，方能柔綿，方不致使勁卡於小腿與足，而立身不穩。

6/11 —— 平時思想仍以運氣為主，動時應以閃、趴、怪、隱、纏為主。
　　動中要存靜止不動之心，使一路有定勁、定住不動之內涵。

6/12 —— 氣要在體內翻滾無滯，如是則內動活潑，不為人制。平時多用脊骨。
　　彼加力於我，我吸彼之力入體內即是化。

6/13 —— 不一定要敗，作瀟灑自在，身亦柔。
　　氣在腿中行亦柔，足不離地，以腿解糾結。

6/15 —— 想氣斂入骨，即可軟綿縮小與纏合一而練。
一想臍合脊，其氣就充於周身。

6/16 —— 要全身柔，全程柔，不可斷。一切靠用想像去處理，要如臨大敵般全神貫注練拳應對。

雖是在腦中操作，不用肉體，但腦內靈光要照射周身，尤其皮毛，方可反應快速。運氣全在用神靈，不可做作、用勁力、有動作。

要用意識，即氣用心運，不可用身運。

6/17 —— 發勁用以胯拔鞋為之。

交手要在旋纏中吸縮天地氣入骨，一直不停的吸縮軟綿為要。自己練功也如此。

6/19 —— 用臀部拔鞋之意引氣入腿。

6/21 —— 在化中用不讓（頂抗）之心，氣立即充沛；用外不讓、內化旋，氣即足。如用走化不頂之心，雖輕，但氣弱。

彼壓吾手，我以意頂住，氣即至臂，彼即被我制住而後退。此乃用接點頂住而他處在化，氣即越來越多，此即掤勁。

如只用運氣，氣不易上身，如一有頂抗不讓之心，氣即足，頂乃軟頂，非硬頂，以意不敗身敗之心頂。一定要有對抗不讓之心，氣才出，如僅化讓之

心，則氣無從發出。我氣運至臂，即可迫彼後退，並制住之。在前，我以謙化對抗，彼即乘虛而入。

彼如輕輕壓來或不來，我即吞之入肚，消化之，粘之纏之，如此氣亦出，用雙臂吸之。

練一定要做如此之想，如僅自己運氣則空而無力，在頂抗（即掤）中，仍要有吞之、吸之，並予以消化之心。用腿勁為之，勁經脊充於臂、掌、指。

一定要先有吞之、吸之、消化之、纏之、粘之之心，然後再用各種心法，如僅在自己身內運氣，則空而無力。

吞之、吸之、消化之、纏之、粘之，氣貫指掌，勁在腿足，頂之、抗之（頂抗以意氣非以力），頂抗中以旋纏為用。

只以退化，功勁不能出，對手無壓力，仍要有對抗之心，我以謙讓化之，彼以我為弱而進擊，我非不敵，實因我功勁未出，緣於我心中未想勝彼，留彼顏面。

6/24 —— 氣充於掌臂，接點連虛線，動起於虛處，就虛，用虛心在虛。

6/25 —— 吞、吸、歛、纏，氣充掌。撈虛吸虛，可用

於發。

6/26 —— 想到自己是個沾粘體，乃可旋纏開合，始有威力迫人。

接到手要不退讓，氣才能被壓出來，即外不退讓，內部在轉化。如只謙退走化，氣無從出來，即使出來，亦有限。

6/27 —— 吞之、吸之，氣由天地及彼身吸，由臂（接點）進入腰腹，兩臂始有力。氣不斷充實骨內，愈強愈好。

練拳、推手全在於將氣源源吸入脊內，周流全身，貫於指掌，才能用，此全是神意氣的運用。

天地縮小到在我腰椎一點，再回復為天地之大，發力甚大，此為練內氣呼吸之功。

氣充兩臂功大，用腿解糾結功大，勁末下沉於腳功差很多。氣要充於四肢才能用。

用撈彼虛，彼不知所抗。用其他還可以抗一抗。

6/28 —— 真氣貫於兩肩、兩肘、兩手、兩胯、兩膝、兩足而練拳，當可達登峰造極之境。如不至四肢，則無粘力；氣至臂，則身上會有一股韌勁，使人不能進。

氣運兩臂旋，威力大增，不可無之。

6/29 ── 身為「伸中有縮」之流動沾粘體。

若毫無取勝對抗之心而功勁未出，氣未下沉，彼未感壓力。待我氣一貫於臂，彼即敗退。

無進退只求中定，氣流而身不動，行沾連粘隨，陰陽相濟。意在身外乃輕。

相頂無虛實可分時，自己即要分出虛實，即如彼兩點制我，我放了一點，即分出虛實。

6/30 ── 放實流虛是沾粘之基，沒有放實，流虛就不順。放實後可用提虛、撈虛、擲虛以為攻。

身為沾粘體，沾粘體中有元氣流動，故曰放實流虛，放實乃放鬆實處也，流虛是運行虛處內氣也。身吸地氣，骨吸身氣，統統欲入骨內。

7/1 ── 放實提虛，就是放了原要用的筋肉（實處）不用，用原來不用的部分（虛處），要想著自身是沾粘體做起來才順。

7/2 ── 吸以虛處吸實處之氣，呼時以實處之氣呼向虛處，一呼一吸為一太極，呼吸時要氣貫於掌指。

7/3 —— 發掌要想用力而用不出來才有力,此乃勁,此即無為先要有為,有了有為才有無為。

拉骨節功效甚大。

無為從有為中出,再由無為而生有為,亦即陰陽互生之理。意念相接處為實,力亦同。

氣不可充於肌膚,要斂入骨方不為人知。發掌時亦可想到用骨,如胯骨。

7/5 —— 活腰中間一點、胯兩點(共三點),他處不動,甚為實用,為初學之門。彼推來,我如僅放實鬆開,彼不後退,我如加用三點,彼一接我即退。用腿解糾結,腿氣向上旋至胸側,用胸側攻之,彼即兩腿上浮,故要將腿氣旋向上使對手浮起。

7/6 —— 放實,只要在實處將筋脈斂入骨內,即由硬化成軟,就放了實。用意去想斂氣入骨,與身外之氣相鼓盪。

7/7 —— 腕環、踝環轉動,氣即貫全身。腕環、踝環轉動所生之氣相合,力量極大。

腕環、踝環轉動生他處氣圈為分環,氣圈成螺旋形至肘成肘環,至肩成肩環,肩環亦生分環,至肘、

至腕成環，凡環成時即發生振力，下肢亦然，主要先練腕環、踝環之旋動。

7/8 —— 練胯之挪、翻、扇、拉。以縮來動，事實上一縮即柔，上下縮，向骨內縮均能柔，凡動即縮。吸縮地氣，以縮生纏。

用挪、翻、扇、拉等動胯，均為發勁之法，胯發威，踝膝相助。要想鬆柔就吸縮（向骨內或上下吸縮），吸縮畢即慢慢放開、放長，縮放中均要隱含旋纏，太極拳亦即如此而已。

7/9 —— **軟綿縮小巧**—縮小即能軟綿，軟綿而生巧。藉旋腕圈、踝圈之力縮，藉縮之力旋，以成全身纏。

要使周身圓活無滯，就要將勁氣歛縮入骨節內旋動，勁氣不要溢出骨節進入肌肉部分，如肌肉部分有勁氣則生僵硬。不能用平常之動，一動就身僵有力，動會牽動筋肉而生僵，動骨節則無僵力。

氣歛入骨內，變成骨髓在骨內流動。

7/10 —— 胯發威，想著兩胯球忽小忽大地開合，力即甚大，發擊時，如將胯球縮成一點再猝放，發力又快又大又簡便。其他關節亦可配合縮成一點再放大，各

關節之一點均集中在胯中一點，再放胯中點力最大。

　　兩胯發威，腰腳相助。拳之運動全在氣勁吸縮入骨及鬆活關節之勁，不可稍有凡俗之移與動。

　　周身不可全部填實，要留虛處，不可無虛，有虛有實，始具陰陽。

7/11 —— 周身虛實要在頭腦中分出來，也就是心中要有此虛實在，主要須將虛處騰出來。虛實中定為拳之根本，如只不頂不丟，心中無虛實，就會在不知不覺中有雙重出現，而致為人所乘。所以一定要注意騰出虛處來，即將身體之某一部分是虛的。

　　腰胯三點動，對初學者甚有用，方法是將他處之動力全壓入三點使用。

　　推手用鬆活關節之點，改變昔日用手前壓之觀念，品質高甚多。轉腕圈、腰圈，勁大增。

7/12 —— 腰胯三點之動練成後，下一步就要以三點配合膝踝一起動，兩腿才柔軟，穩如磐石，產生腿勁。

7/13 —— 氣要歛入骨內，在骨內運氣，不可在筋肉，在筋肉即有僵力。運氣著力在髓，髓與皮毛合、與外氣合，並要配合將勁氣源源不斷由上下吸縮入腰胯，

氣仍貫於手並乘勢旋轉，從上身吸入可柔身，從腿上吸入則根穩，集中於腰則周身靈活一致，故不可無之。此亦隱含蓄勁發擊之意。

「放實」其實就是隱身，一隱身，實自即消失。

7/14 ── 要放實時，隱身即可，符合人之習性，也容易做到。隱後拋虛、撈虛為攻擊。

用大腿兩側皮毛為動源推手化發，甚為實用，且能發揮皮毛之氣，但氣仍要歛入骨內、貫入指掌，如此練法別有天地，且擊發之力甚大。

7/15 ── 動移就不對，故無動與移，只有穿衣脫衣即可。

用大腿兩側皮毛之力帶動腰胯三點，更實用。

上要空，不要動，動與不動要分清。有不動始有柔，故我練時還是以上下吸氣入骨，著力於骨節綿綿吸外氣入骨。以活動下盤關節為主，並將氣貫於指掌，以腿臀兩側轉動帶動骨節轉動，氣即遍周身皮毛，將之歛入骨節以補髓。

又以腿臀兩側一片紙（身形定住不動）飛向後方，此鬼神莫測之發勁。

在運動中不動的意識要強，用不動之意念即是發

揮腰腿勁。動就是用手力，不動手氣勁就向下縮。

7/16 —— 想大腿兩側皮毛轉動，立即氣通全身。兩胯鬆落，上身即空，但平時均因一鬆落兩腿甚吃力，而未注意，此點應改善。如一想腦為天地，胯溝即鬆，兩臀亦鬆，全身俱鬆，平時練習須做到。

　　以氣如龍捲風上昇，彼即輕鬆上躍。向下捲即有跌倒之感。氣要全身內外整體旋捲方為合法。不要只運氣，要將僵硬氣塊驅散，發力甚大。

7/17 —— 找到自己地盤得機處即可發，找到即發，要快。

　　由各節骨頭向關節吸縮，氣即聚，氣來得很快，可用於擊發。指掌骨節縮向腕關節，氣即充於掌，立即氣遍周身。

7/18 —— 練拳要以神，運用身內勁氣纏粘對方，身內勁氣先要和順。前記未動時先吸縮可柔身，現更要未動先有兩腿伸縮走路之意，則勁在下。氣仍要貫於指掌。

　　其實拳架均為注意兩腿搬移走動，則肩手自然隨動。思想不可拘泥於走外形，每一動均如是。

與人搭手，輕似落葉飛舞，重似泰山壓頂。

以龍捲風捲人，彼亦跳出，彼碰到我，即跳出。

絲毫不可動，以旋風上捲代之，以縮脊、縮骨之意上捲，專心做好上捲為要，始終不可亂動，一動即生僵力，就可知道是亂動。

7/19 —— 打拳全在活腰活胯。全身定住不動，腰胯一活，四肢就隨著柔而不得不動。

7/20 —— 用虛處神經線或皮毛發，人不知。無虛處時即身已僵。

關節互相牽拉，以練節節貫串。拉開關節，不要用肌肉之力，用肌肉即會生僵勁。心中要將骨節節節拉開，若只伸縮肌肉則練不透。

7/21 —— 要完全用內動，勁不出身，如一有外動，腳即不穩。要有準備倒之心，則既輕又不易倒，如無此心，則身重而易倒。與人試，很明顯。

7/22 —— 上要空，下要攻，手要感覺重，腰要弓。

以加吾身之力點為圓心來轉圓，兩手加時仍以一手之中心為軸心轉之，或兩手之中心點為軸心轉圓，

此為對付硬力者之佳法。

7/23 —— 每一動都要把虛實分出來。練拳隨時在困境中，每一化都分出虛實並求發放，每一化隱身縮虛以求發放。

　　用胯擦地。

7/24 —— 氣要分兩處，不可在一處，始有陰陽虛實，僅在一處即無。在兩處時，二者呼應活動靈活異常，在兩處如同圓周之兩側，中間要空。

7/25 —— 我氣運充兩手，人即覺應付困難。

　　我氣分運兩側，人即覺我空空無物，中間空出，即可隱身。

7/26 —— 一切動，讓給「下」去動，兩腿要大軟大動、擦地磨地，不可只運氣。

　　動即要隱身，隱身即動，虛變實，實變虛，出沒無常，神出鬼沒，善用虛實，氣貫於掌臂。

7/27 —— 隱身時將實氣吸入下盤，同時吸入地氣，二者合於湧泉。

7、「虛領頂勁，氣沉丹田。不偏不倚，忽隱忽現。」

　　要運作這種取法太極運用陰陽的著法，自身就要「虛領頂勁，氣沉丹田，不偏不倚，忽隱忽現」。虛領頂勁也就是神領頂勁，用神把頭頂上的勁輕輕領起來。氣沉丹田是把呼吸的動靜，下沉於丹田。不偏不倚，忽隱忽現，是言內在氣勁要中正不偏，忽而隱，忽而現，這是要在功深後能運用氣勁時，才會有具體的感受。

8、「左重則左虛，右重則右杳。仰之則彌高，俯之則彌深。進之則愈長，退之則愈後。」

　　人用力推我左邊，我就左邊讓開；推我右邊，我就右邊讓開。人要我向上，我就隨之向上，愈上愈高；人要我向下，我就隨之向下，愈下愈低。人要我向前，我就向前，愈進愈前；人要我退後，我就隨之退後，愈退愈後。這完全是取法太極的陰陽消長，而令人達不到攻我的目的，也就是「隨曲就伸」了。

　　註：原文中「退之則愈促」的「促」，恐由於傳抄誤植而不符文意，故改為「後」。

7/28 —— 練拳的思想全在活動腰腿，氣貫於指掌，上身為隱身。故下要動，上要空，手要重，腰要弓（即怪趴），故兩腿要大軟、大動、大活。

7/29 —— 一直要氣斂入骨，氣分兩側，不讓人知，動時找虛處動，實處不可動，動則為人知。故身繫虛線而動，不可缺少。

隱身為隱實處，化一陣旋風上昇而去。

胯與腿要大軟大動，快捷靈巧，圓活無滯，下配合膝踝腳，上配合腰脊，氣貫於指掌，動必用虛處，方可輕靈。

7/30 —— 「猶須貫串」，即走架時內在氣勁要綿綿不斷，猶如一串珠子一樣，不斷地變化。

7/31 —— 實處不可為人所察知，故不可稍動，要很小心的在虛處發勁，實化為烏有。

練功體，全在伸長筋，拉開關節，伸中有縮，伸縮一體。

隱身用虛線（點），用虛莫過於用虛線或虛點。

8/1 —— 我以皮毛發，人不知。

8/2 —— 完全在練軟，化掉加於我身之重力，用拉長筋、放開骨，隨時做到周身鬆軟圓活。

8/3 —— 使重力懸在身上，即可下沉。

8/4 —— 皮毛發放，對方不知我，亦是「隱身化風」。

　　「虛」，立身保持太極，即虛實分清，每動均用虛發放。

　　要有虛，求虛、就虛、用虛，不可全部填實。人攻我實，我以虛擊之，要騰出虛來方可用，故太極拳乃要騰虛，做出本身之太極來。

8/5 —— 虛實能分得清，用虛能用得靈巧才妙。

　　打拳雖看似動手，實質上要隨時想到用腳，如踢、蹬、勾、掃、鏟（用意勁，非真動），每動均在用腳，或準備用腳，此為練下盤之法。

8/6 —— 以大腿應對，將上身力吸入大腿，只進不出，一有硬力，即吸入大腿用之，很有效。

8/7 —— **開檔落胯鬆腰**—在下蹲或上昇時，用之甚有

實效，總之，要使檔胯腰三者寬活，在動時要注意練此三者，則身鬆柔。如只想俗動就一定不能鬆，在整套中都練之，效果很大。凡動，各種姿勢、方向均要用此三者，即為正確。

8/8 —— 放（大）檔、軟腿、棄胯、活腰，上連肩背，下貫膝踝，連於指掌，氣流周身，全體沾粘，隨時要「屈膝蹲身」。

　　發力之大小，在於能否定住上身不動，留住力，能做到發力即大。如動上身不留力，發力即小。發之先，先將氣貫入腰腿，發時定住上身不動，不出力。

8/9 —— 全在神行，運用檔胯腰之活動，吸入天地靈氣，周身運轉。

　　推手雖主化，但仍應用不退不讓與之對抗之心，功勁始出來，也就是要提起精神。氣要充臂掌以制人，腰腿氣為臂掌氣之後盾和主宰。

8/10 —— 先是單練「挪」，後發展為以腰胯檔脫衣褲之心，扯開骨節，應如此運動。

　　拉開兩腿筋肉則身不倒。動，就是要在身內作圓圈，定住上身不動（上身用意力定住，不移不動才是

練功，連上身氣都不動），著力點在挪胯之兩側。

8/11 —— 心理上要有腰胯檔「用而不用」之心才佳。
應付大力時，以氣由皮毛向骨內吸，即可破之。

8/13 —— 發並非發出去，乃在吸大力，一吸即發，吸
足後自發。
心要不讓手動，此意識要強，避不用手，腰胯自
挪。心動胯腿，手不自動。

8/14 —— 皮毛發用腰腿皮毛，化風發亦用腿化風。

8/15 —— 拉筋走化要深長無底，內中含「引」。
彼攻我中部，我以上下一拉長腰身，彼即無著落
而跌出。彼推我，我後引至將倒時，立即用提足後跟
退之意，彼反跌回。

8/16 如被迫得緊時，即隱身以皮毛之虛處發之，或化
之。

8/18 —— 進（動）則用虛，退（靜）則隱身。要練在
檔內轉圈，關鍵在不能停，停則授人喘息機會，如此

練全在腿胯勁，上身不動，試之均甚厲害。此皆言對付用硬力之人。

假想受人重擊，己則鬆身承受之，思想要純，久練則人碰到我即被彈出。

8/19 ── 手雖不動，但胯要將手前推後拉，左移右動，以胯使用之。

在檔下作圈，要用雙足之力，身要隱，足要旋，定住身，鞋要拔，氣充手。

8/20 ── 胯尖向上抬發。

以怕彼跌倒之心發，彼反會倒。檔圈、身圈接定彼勁轉才有效。發以趴，抱肚，抱自身，鬆胯尖，用腰推，提胯上，胯前發要用吸彼回之意。

化要軟下去，軟至腳。

8/22 ── 練前傾後仰、左歪右倒時將身向下柔到腳，以「不頂」為目的。

記夜晚練拳意境：
　　更深萬籟寂，靈氣歸向身。
　　嬌嬌花不語，悠悠樹無言。

清霧伴月色，繁星見人間。
心神連天地，意氣廣無邊。

檔中轉圈，扭開骨節。

8/23 —— 以腰胯轉，則只有胯動（內勁），故轉即動胯，不亂動他處，以練腰胯檔。所以練時不要動，要以轉檔圈、兩胯圈來動，不可動，不可移，只找圈轉來動，順勢不拘定形轉。

8/24 —— 腕踝帶脈一起轉，則周身纏。
　　隱身中纏繞，吸蓄粘隨，檔胯走圈，伸縮一體。
　　纏繞中隱身更實用。
　　纏繞、隱身、伸縮、吸蓄、檔圈、大小。

8/25 —— 發人以皮毛或虛處發即發出，與人推不可用實處制發，要用虛處或皮毛制發。

8/26 —— 發用皮毛，抱用虛處，發用抱回，不是發出。
　　彼拉，我用拔鞋送之，則極快速。借勁實為化勁，怎麼化就怎麼借，化無底，借無底。全在隱身用

虛，或皮毛，防彼倒之心。掀彼之虛，不可掀實。

　　打拳在各色勁之運用，非以一般性的肢體動作來打。

8/27 —— 發為化，即以虛代實發。以意取腰腹轉圓之力發，則勁大。

　　如果不想發人，只想粘纏，則用隱身前貼，不可用實手制人。

8/28 —— 化發還是要柔到腳，我柔到腳彼即浮。

　　以上臂提臂拍之，彼跳如球。

8/29 —— 發用以意吸身側地氣向上至頂，並下貫入身內。同時做，一氣呵成。

8/30 —— 接勁不要向前接，以氣如龍捲風似的向上升較佳。

　　發時勁氣走脊骨，則輕又遠。遇頂不可頂，用輕放自身則發得遠。不用手，用上臂才輕。

　　發，只輕靈自身即可，不要發到彼身，即「**勁不出身**」。

8/31 —— 腰為主，凡動均先以腰帶動檔圈，才能腰腿完整一氣，不可亂動。

9/1 —— 「隱身」是柔身佳法，最重要，為根本。隱後，以身上圈圈發人。虛處不好找時，以身上、腿上適宜處之圈發，最便利。隱身與檔球、腰球合一。

9/2 —— 任何動靜都要在隱身中做，隱身做得精，功夫好，要加小鳥飛散開之意。

　　柔身以小鳥飛散之想甚佳，可用於化發。小鳥為本身實處之骨節筋肉（敗身挪胯如小鳥飛散），上敗下不離地。這皆是運用本身意氣的狀況。

9/3 —— 發勁及一切動，要有定住身求不動之意才勁大而身穩，定中要不用力。定住身不如定住腿，不如將身縮向腿內去。發絕不是向前衝。

9/6 —— 用身內一根絲擊發有力者，此絲要在適當之虛處，由身內穿出，或用皮毛，或用圈圈發，亦在虛處。要在自身全鬆之狀態始有效。

9/8 —— 立身要身懸於頂，腰懸於脇，腳有根，鬆下

半身。用皮毛可發乃因發時周身鬆沉於腳。

1、柔者發不遠，以吸彼即遠，不可發向彼身，用吸。

2、彼力沉檔下，我要用腳勁發之，不可用上身之力。

　　攦，用以對付大力直衝，以向下縮入洞之意，彼必倒，確有實效。

9/10 —— 找虛處玩，始可輕靈。才履 以下縮，彼落空快，如後退彼可跟，如下縮彼即時無所著落。彼衝來，我向下坐縮，彼必落空跌出。

9/11 —— 用向上縮胯腿，力不超出胯頂發，各方向都可發，只要把胯腿上縮不超過胯即可（以胯頂為界）。

9/12 —— 想用何處發，就在何處下壓，因下壓而產生向上反彈之力，則全不為人知。

　　力全運入大腿，身乃柔。用時用大腿發，勁全入大腿，他處不可有。

9/13 —— 運動用抽絲，身乃輕。發放用絲針飛向人，

人不知。

9/14 —— 呼吸找虛處，著力找虛線、大腿、脊骨。

先求開展，放開關節，我用之甚有效，要專心做好，用不與人應對過招之心，用拉開關節應對，但要骨節放開，放開始好拉。

改拉筋為拉骨節。

9/15 —— 化發以在身內轉動圈，試之甚有效。

氣向下縮入腿，勁集中於腿，既柔上身，發時更可令彼不測。

9/17 —— 沒有所謂發，只有用意把彼力吸進來。

將身上力與僵全部吸入腳，或腿，每動都如此。

9/18 —— 今發人，越輕越佳，勁越大，粘制亦一樣。

用意氣制人，不用手制，效大。

9/19 —— 身僵時要柔，以氣在脊中運，即柔。運動中氣在脊中不斷運。

9/20 —— 順勢轉圈，跟隨彼勁，在彼勁後摧之。氣隨

時歛入骨，則柔。

動都練柔，柔柔柔，柔中之力大，即是勁，周身柔到腳，才算真柔。

9/22 —— 比比誰比較柔（推手）。推手是在比柔。

對付後仰，用後（虛）腳一使力彼即倒。

換步穿插以佔勢，彼易跌倒。

實是有意識之處，使之縮小，則虛就大。彼制我實，我以虛救。兩點制我，用一點化，不管另一點。用一側發則身輕。要將實處縮小為一點。

要柔，僵處練身柔。

要用引，引彼自認得勢而攻，我看似背勢，其實是我順彼背。

9/23 —— 虛實要分清，用意識分清。找出虛來用，彼動我以虛攻。比輕、比柔、比舒、比綿、比靈。

9/24 —— 用身之中，身就填實；用身之側，身外、身內虛處之一線，身即虛靈。周身虛實要隨時變換得靈，不可呆住不變。

9/25 —— 等彼動，彼動我以腳應，腳一動即可化來

力。以虛處轉線圈，勁源在踝旋。

　　手可發時不發，改用提已虛線發。

　　應敵以虛片粘彼，以代替用手，以旋踝腳配腰椎以為勁源。

9/26 —— 氣運集於腿，以臀腿應對。

　　攻時，以腰提自己虛處來用，不可用俗法，動時亦如此。

9/27 —— 用神發，要練。

　　推手遇大力相頂，要分虛實，實處愈小愈好，才可用虛提虛發放。

　　練不敗，由腰胯向下練，不可向上，不可亂動。全在用胯踝關節互動。

9/28 —— 大力來時，要分清自己虛實，引彼力至我實處，再以腳勁擊之，彼無有不倒。

　　不敗之勁－沒有動，動則有力。要由胯向下與踝、膝等關節互動，只在踝、胯、腰椎之間動，無其他動。向下動，不可向上動。

　　擊發用骨勁強。

9/29 —— 腿筋要拉長，要練，制大力，勁集於腿。

9/30 —— 翻比輕，挪拼柔，勁力發自虛與神。

10/1 —— 皮毛攻、隱化、動哪丟哪、不動、動即反悔不動、準備發身外氣、借外物氣、抱回彼力、吸彼力、退等均屬同一性質。還有用小鳥飛散之勁發放。

　　搭上手粘人要以想碰而不碰，不可加意於人，只可以意聽彼。

10/2 —— 拼柔用輕是根本，提虛用虛最重要。

10/3 —— 發勁不能向前衝，向前衝力就上手，故發時要用向後（向反向）退之意，要用某處反向退，退則勁由腿出，力向下不上手，人不知。用身上某適當之處向下退，即發。

10/11 —— 轉骨節才能轉走人。

10/13 —— 用空中轉圈，力發得大。因彼硬易發，柔則難發。

10/14 —— 要以小腿站不住要倒之意，不是求小腿不倒，身才更鬆。

發只是吸彼力，要後縮，不可前推。後縮要會，是意縮身不縮。

10/15 —— 以虛處吸彼硬處以發彼。

10/16 —— 要動之處，立即定住不動，讓他處動，才合法。即是用虛處動。

比柔用虛，還是根本，全在用胯腳，不可用意加於人。只用虛吸彼硬處，自身不可有僵硬感。對付來力全在以腰胯化解。

不可亂動，不可動，動中要以意定住腰椎不動，腳不動，才可比柔、用虛。

10/17 —— 比柔要隱化，隱化要長。要將己及彼力引入腿。腰椎定住，以虛處旋轉骨節。要拿捉彼，不可只有化心，拿彼不成而化，即要順彼之勢轉動骨節。

要拿彼，為拿彼而順彼勢。內外氣要大大運轉，此為基本功，有氣之轉才能用。

轉一骨節，使一轉全轉，似較全部一起轉好。

10/19 —— 立身怪一定要有，而且隨時保持才能使骨節鬆靈。腰胯下沉於腳。

10/22 —— 應對人以腰腿攻守，要以腳腿解糾結，自腰椎至腳要十分柔軟，人方無從攻擊而落空。自頂柔到腳，彎駝要一氣鬆至腳底，不可用撐。總之，不能柔一切都是空言，練等於沒練。

10/24 —— 推手不用手，要用虛處對付。找最虛處。檔要放開胯始柔。

10/26 —— 任何發，用腿或腳跟向反向衝回，為最便利。

10/28 —— 為人推倒一定是上身不柔、下身不穩所致。

　　救，一定要使上柔下穩。

10/30 —— 推手時，手中氣要與身中氣相通、相合，手上接到之力，運入身內消化之。

10/31 —— 動之力，全出於肚臍之呼吸，即可柔。動

時，要使身上無著力處，就要用肚臍呼吸，氣與各處相通變化。

11/1 —— 動之著力點在肚臍之呼吸收放，他處不可著到力，只在肚臍範圍，內氣自會通流全身，此才是全以氣運行。

11/3 —— 用肚臍呼吸代替動，效果甚大。手上、臂上接到之力交與臍，即生效，彼即落空，任由我處置。動作與臍呼吸配合更靈活。

11/4 —— 以涵胸（鬆胸）化人不成，即改用落胯（鬆胯）即可化去，反之亦同。要涵胸虛胯、沉肩開檔等交替變化，要一觸到即變，不可久停，與人試之，彼甚覺奇妙。

11/5 —— **土崩瓦解**—假想周身似土崩瓦解，以求取身之柔。

11/7 —— 以腿活動兩胯，做出變化。

11/10 —— 我以大腦為天，他人即感壓力大，不好對

付。故氣不應在身內用，在身內易為人知。

11/11 —— 柔化，以將來力與己力下沉最佳。

11/12 —— 將僵力全下沉，下半身要全空，以上半身一處或一側做掛勾，掛身之僵處。不可稍有撐力，有撐，即放開才能柔，能柔則勝彼。所以，動主要在「**化撐為柔**」，撐為致敗之因。

11/13 —— 推手，絕不是推，而是吸彼之力，並吸己之力，不使外露。如手接到力，即吸入身，及至身感有力，即吸入腿。有力，即吸而化之，不可向前推壓。故「撐力為致敗之因」。氣自百會吸入湧泉。

11/15 —— 將彼力經己之手臂及骨內收入腳掌之湧泉，無論進退均如此。氣之鼓盪要用腿氣發動，不可用身內氣。

11/16 —— 以軟使人落空，多一分僵硬，即多一分危險。所以平日全在練柔軟去僵，以柔克剛。柔弱勝剛強，是柔弱之法、之心、之功。

11/17 ── 默想兩胯做各種不同變化，並想兩手與之配合一氣。

11/18 ── 內氣也要很輕，不令人知。

11/19 推手，不可向人身上加力，只是把彼力吸入我身消化之。周身要柔，不可稍撐，要順倒，不可有怕跌之心。

11/20 ── 兩腿亂動（任意動）就可以，無須刻意要如何動。受壓制時腿就亂動，人即被發出。

11/21 ── 兩腿亂動，甚有益於拳。配合胯、膝、踝一起動。

11/24 ── 身內氣愈輕，力愈大，乃是勁。

11/26 ── 擊人，用仙骨合星斗往下坐，就力大。

11/27 ── 動，是用意將周身力向下吸入至腿腳。

12/4 ── 打拳注意兩腿之變動。

12/5 —— 沾粘將氣全吸入腿以柔身，由是腿亦柔，著意點在兩臀之側。

　　動要用虛處動，不可用實處，身乃柔。

12/7 —— 要辨清自己的虛實，「實」是實際使用的部分，其餘為虛。

　　吸地氣，以骨呼吸，氣歛入骨。

12/10 —— 以一關節轉動全身關節，一動無有不動。

12/12 —— 以轉動各關節代替運氣，尤以轉動腰椎及兩腿關節，功能才大。實際上轉動關節亦是在運氣，只是方式不同。

12/17 —— 凡推手，接手後即要先找出己身可發放之處，不能只顧走化。

12/19 —— 彼擊撞過來，不可只化，要實處化開，虛處發（吸外氣），要輕。

12/20 —— 收肚臍提會陰，將腿胯全吸入肚臍。想到氣由湧泉入，腳下地球是圓的，則振力甚強大。

練純用腰胯應敵，學上身順勢倒（即是化）。化來力時，決不可柔接觸處（化得不寬廣），要用較遠之他處化，則化得大。腿不可硬撐，要無力。

12/22 —— 無論有無僵處，用意將筋骨向下丟（沉石子），以求鬆沉。

12/23 —— 用腰胯拔足跟，拔不出來似的。

12/24 —— 放長筋骨即是柔，故化時用舒放筋骨，不用移身，同時要求中定，失中即易倒，亦不柔，筋骨向下沉、縮向腳，地氣吸向腳。

12/27 —— 以拉放筋骨加強下盤，不可動上盤。

每一動都求佔上風不作背勢，心中刻刻保持防彼猝動之意。完全動腰胯以下，不可牽連到上身，就是鬆。如動手就有力，不動手就不會有力。

12/28 —— 氣由湧泉，如旋風式由腿脊上升後放大。

虛實要認真認清楚，應用全在虛實。

12/29 —— 對大力壓來，用身側線相應很實用，一定

要用線才能鬆活。

12/30 —— 避彼實要用線，力一定要從足跟發起，全身都送給他，虛線跟足跟要配合，絕不可由他處動。

【基本功法】

1、鑽洞，鑽出，縮進。

2、磨臀扭腰（尾閭為軸）。

3、伸縮腰脊。

4、踝脊相和。

5、縮骨之術。

6、腰椎扭旋（帶動各節）。

7、開胯活腰。

8、節節伸放。

9、骨骨旋轉。

10、拔骨拉筋。

11、腿拔身氣（用腿勁吸周身勁氣入腿腳）。

12、以胯使腿（臀自動）。

13、抽拉兩腿之筋，不拉身上之筋。

14、臀以下不離地，不可稍浮，何處浮何處即貼地。

15、柔身吸力，要做得長，假想有人加力我身某處，我柔身吸來之力，急柔而消之。

16、動靜合一，身雖動，心中要求不動。

17、原地快跑，凡動必先調整兩胯，似原地快跑狀，不可先亂動，旨在活胯。

18、柔腿落胯。

19、縮腰提胯，以拉拔腰椎。

20、以腰活胯。

21、作勢抱擒，全心在作勢要擒彼，非攻非守。

22、入地生根，氣全向下運至腳入地。

23、逆力相爭，向某方向移動時假想有硬物擋住，或腰胯被繩索套住不能前而只能內動意與氣。

24、吊襠空胯腰圓旋。

25、活胯活腰膝踝相助，揉搗腳。

26、兩胯相爭。

27、胯足（連動）相戲。

28、用胯擦地。

29、兩腿動中求軟。

「悟到禪機萬念息，
　喜無常物一身輕。」

【第九冊結束】1997年12月1日~1998年12月30日筆記

9、「一羽不能加,蠅蟲不能落,人不知我,我獨知人,英雄所向無敵,蓋皆由此而及也。」

　　人加力於我身,令他絲毫都加不到,一根羽毛、一只蠅蟲的力都不使加到,這樣就可以只有我知如何打他,他則不能,英雄所向無敵,都憑藉這種的運用而能達到的,這完全是太極陰陽消長的運用,是「無過不及,隨曲就伸」的極致,可見太極拳無非都是運用陰陽,取法太極。

10、「斯技旁門甚多,雖勢有區別,概不外乎壯欺弱、慢讓快耳。有力打無力,手慢讓手快,是皆先天自然之能,非關學力而有也。」

　　拳術這種技能,別種的拳術甚多,雖外形不同,但卻不外是強壯的勝衰弱的,力大的勝力小的,慢的敗給快的,這種都是人人生來都有的攻防之能,都不是太極拳。太極拳不是使用這種技能,是後天學習出來的另種技能。從這裡就可以看到一般拳術與太極拳的分野與不同,難成太極拳都由於以一般拳術的觀點思考太極拳。

1999/1/1 ── 用氣由地下旋轉，經腿脊或身外上昇，對彼壓力很大。向下運轉亦可。推手是做道功，不是推手。

心中想兩腿左右上飛或後腿上飛，均為很好之發勁。

1/2 ── 凡力都要沉於腳，始有根，身乃柔。

1/3 ── 用腰腿旋轉外氣、地氣，上身隱身，一切要輕。

用虛，最根本要把虛找出來用，虛實要分得清。

1/7 ── 足底乾坤（變化），功深時一切對應變化都在腳底。

1/8 ── 用踝、膝、胯來動，上身不動身自柔。若用上身動，動到之處自然不會柔。

1/15 ── 腳底乾坤配合纏絲，以意纏彼身內或身外均有奇效。

1/18 ── 向柔裡纏，比柔。

用腳底乾坤與身內虛實相結合，一起變化，以腳底為主導。

卡處、撐處、倒處不能化解時，即用轉球。練時用時，每變均要轉球。

轉球要因勢移動，不固定於一處，是活的，有時只轉半圈或稍有轉，極活極活。

1/19 —— 用開檔彼均被制住，因用意開檔勁氣均落於腿，手上鬆柔。

想天上雲收入我身，分黑白二氣在身內轉變，發力甚快甚大。

1/20 —— 打坐時想用道功與人推手，極佳。

1/22 —— 應對來力用吸用纏更有效。想吸天地的骨一併縮進合我之骨力大。想到雲吸入體內，或想北極星、嵩山尖合劍峯骨（胸骨柄）等，用此等外物借體傳真均力量大增。

1/26 —— 用意注視彼身之虛實，在彼身內旋纏彼實處，彼兩腳不穩無法站住。

1/28 —— 迎敵用腳不用手，將彼力引吸至腳跟。

運動時要動平常用不到動不到之處，使也能動到，才是太極拳的運動，能有益於身體。

1/30 —— 腳為樹根，假想氣在地下跟鬚運，不在身內。

2/2 —— 拉天拔地，即以自己筋骨與天地的筋骨互相拉拔，練架時亦可練。

2/12 —— 先將彼拿僵後再抱吸拔鞋，發彼不能化變之點。

纏彼檔氣彼即不穩，比纏彼身有效。

2/16 —— 運作腳底乾坤，即知力從地下來，不是身上出。

2/26 —— 對付輕柔者以開檔旋地氣應之。

發彼硬力中心一點，彼不易化變。

2/27 —— 練太極全在裝腔作勢（立身怪怪的）。一感身上有卡有撐，即以敗勢消之，要練將身上撐卡僵等

去淨。

3/9 —— 以意合西斗四星，再轉旋自己某一關節中一點，彼立即雙腳不停動站不住。發時對準彼僵力中心一點，彼即無化之餘地。

3/10 —— 推手要以和諧協調之心，輕輕扶住彼，防彼跌倒似的。

3/13 —— 學倒就是學柔，倒時胯骨以上任它倒，以下鬆軟而下落，不可用撐住之力。

3/22 —— 全身動，用臀底二圈成 **8** 字形轉動。上下前後動時用拉拔身內筋骨。

3/24 —— 「**T**」字化與發，在被迫到已無可再退，彼來力是直線，我向左右或上下移，雙方力線即成 **T** 字形令彼倒。雙方相頂時力必成直線，我不可前頂去，向左右上下直線移動即成 **T** 字形，授某甲很有效，因彼是硬力；試某乙即不同，因彼柔。

以力集於大腿或小腿拉拔（使勁成圓形）。

4/1 —— 身內有僵力不輕靈時，立即以腰胯調整站姿以求輕柔。

化發用腳就對，用手就不對。

4/3 —— 平時一人練要練以一指制住人，進而人推到我，不論推何處均可用指勁制住他，此全靠內在氣勁之活潑。

4/6 —— 用胯側柔身拉拔。

4/8 —— 用八線（四肢前後之線）攻人人不知，故八線不但可化，亦可攻。

4/9 —— 將氣吸入上氣海及下氣海再集於臍，震動甚烈，力甚大。

4/10 —— 以局部運氣圓轉應敵，較僅以運周身氣為佳。

與人相頂時，以鬆身作成敗勢以引之，分清虛實，利用虛實擊發，或猝然以鬆身改變形勢，另覓陣地以制彼，不可以相頂對抗。

4/11 —— 氣要在身外轉圈，不要在身內，但要收住臍方有力，臍氣與外氣相合。

4/12 —— 純以意指揮氣勁，不用肢體動作。彼以肢體來，我以意氣神發揮陰陽相濟功能應之，平時坐站均以意想身外或天地氣轉動，或拉天拔地，將氣收斂入骨。

4/13 —— 引勁，彼來，我在粘貼中鬆身作成敗勢，如此做我隱含攻發之虛處，用虛處攻發之，或即時以腳擊之。

4/15 —— 我用鬆沉之法，彼向上抱我不起來，來推我亦用此法，使之推不出去。

4/16 —— 彼推來，我順彼之力鬆身作敗勢，彼要我怎麼倒，我就怎麼倒，完全順彼，如此即可取得攻發彼之機勢，此即引勁，引彼入網。

4/20 —— 作敗倒之勢，勁力自然下沉於腳，故可隨意擊發，同時彼亦已失勢。

4/21 —— 呼吸用腿，則下盤穩實（在腿內運氣開合）。

覺要倒時，即順勢敗倒，不可撐住不想倒，即不抗，敗倒後即另有天地。

4/22 —— 變形蟲，整個身或身中局部像變形蟲，只氣勁流動，不是一般之動（此乃全是氣勁之流動）。

4/23 —— 氣斂入骨，在骨中運行，人即被制。（得氣後，只要以心想，氣即可斂入骨內運行，氣乃內氣。）

4/24 —— 用順彼來勢敗倒之意，不要用化之心態。今練拳以假想與人搭手，全以運內氣應之，各種變化均如此因應，一定要以假想與人對手才有實感，如此練進步未可限量。

4/27 —— 以意想著天地間氣在流旋，則身內氣亦同時旋動。

彼硬力推來，我以胯中之球轉動，彼即反被彈回，每試均如此，我用胯球轉動則甚易將彼制住。故不論進退攻守均不離轉胯球，不可亂動，以轉胯球代

替俗動。

以氣斂入骨或氣聚中垂線，彼均不知我力，而我之力大增。

4/29 ── 假想讓大力者抓住我摔我不出，由於我運勁時腰胯不斷調轉，身內氣勁綿綿不斷地流轉。

5/2 ── 初學拳架就是要練上身不動（尤其肩手）下身動（尤其是腿）。

5/6 ── 不要動，練拳是根本不可以動的（俗動），凡動都是用拳法動，才有作用（功），尤其是太極拳不可用力，凡動都要有實際作用產生，才非空求白練。

身要動，氣先換過來，身內氣充足時才有感覺，氣不足感覺不明顯。

5/7 ── 一有相頂或有被壓時即謙讓向後退一分，不可相頂。

發人於接妥後用腿或臀下坐之力，或以心意抱彼之腿發。

5/10 —— 氣聚於大腿，用時腿一動即發。

　　不要動，無動之事，以調整內部勁氣來動。

　　根不穩即運轉調整內部勁氣。

　　主要先不要移，運轉調整內氣自會移。

5/11 —— 兩人硬頂，互不易推動，遇此種硬頂要不與之頂，對來力要柔化，將彼力吸入聚於大腿，機到時一動大腿，彼即跌出。如用硬推則需改變方向，從側面推之，但此非正途，要用不接彼力，引之入我大腿，再用腿勁發之，或閃身攦之，以順勢或向側面攦之，使彼失衡而倒。

5/13 —— 動必先力起於腳，與腰脊之力相結為一氣，然後以調整旋轉內部勁氣來動。打太極拳要知如何動，非一般性的動（俗動），動要知方法，即拳法。

5/14 —— 發放用假想身如藕，發時斷裂而絲仍連。

　　上身彎駝鬆放，進時以腰椎合腳跟，退時以腳跟合腰椎，均通過腿來進退。

　　前進時用胯後坐之力，後退時用胯上拉之力。

5/15 —— 柔，連續柔，繼續柔，一陣一陣連續柔。一

動即一柔，每動都要柔，要長而無底、綿而不斷，柔與內部勁氣調整旋扭配合，腳下要生根。

要在原有柔的基礎上再柔一次，做更深入的柔，未動之先先已柔，綿而不可稍斷。以柔讓彼，以柔發彼，不可先動，柔後再動。

意想胯上壓著重擔（在實胯），發放時僅以胯拋開重壓，上身保持絲毫不動不牽連。

心存用拉筋發較用俗動發效果好得多。

5/17 —— 調整內部勁氣即拉天拔地，在鬆柔中用意運轉。

在推手中雖用手接，實用身接（勁力在腿腳），看似用手應，實用身應（在自然中以腰腿為主）。

5/18 —— 人硬挒我以柔身敗之，以胯負千斤擔，彼被迫出。以腰胯抱實腿乃腿發勁，佳。以周身節節貫串，即勁如念珠般在身內及四肢運轉，彼無法制我。彼壓到哪裡我柔哪裡，同時即用他處念珠攻之。

我以兩腿解糾結，彼稱摸不到我。

今授人意注於腳及小腿，一切以小腿反應，不用他處，彼即改善甚多。

5/19 ── 以腿解糾結，以調整腰胯來配合，周身更為輕靈。

5/20 ── **呼吸：**拉拔調整旋扭內勁，吸天地氣歛入骨內是吸，內部勁氣放鬆貫於四肢皮毛為呼，如此一收一放、一開一合、一動一靜即是太極變動而成拳。放鬆時要放心放開，氣自然下沉於腳。吸入時氣由皮毛歛入骨內，呼時氣由骨內衝向四肢皮毛，如此一波一波像波浪一樣前進。

　　腿勁要綿而不斷（要先身而動）。動時調整內勁，柔入腿內，以腰胯為樞紐調節入腿。

5/21 ── 要感到內勁調整變化不在胸腹而在腳，由腳而上至小腿大腿，隨外來之力而忽上忽下，忽隱忽現。

　　以腳配小腿來打拳，打拳即調整內勁，我佯裝敗勢以引之入殼，我愈引小腿愈穩，隨即以他處擊之。

　　勁力全在腳與小腿，氣隨外力而上下於身內因應，此是柔身之法。

　　旋轉關節蓄勁後再振發，力大甚多。旋轉以轉動肘、膝及腰椎，則全身勁動。發出時更要旋轉，轉關節力大。

5/22 —— 養成動必用虛處之習慣，用實處不是生頂，即生硬，必為人知。彼硬頂，我用虛處退之，彼雖力大仍被退出。

彼若以力頂，我必全身鬆柔因應，以意攻其一點，使之用力在該點相頂而成實，則他處必空虛，我可棄實抱虛而破之，或順彼力而攦之、牽之。

彼以大力頂抗，我將彼向一個方向牽之，使彼產生抗力，向彼虛處奇襲而破之，妙在必先使彼頂抗現形。

要奇襲，以襲彼之實腳為佳，即作勢抱彼之實腳即可。

例我一心以右掌在彼左腋攻彼重心，彼必一心應我，雙方為實，我猝棄之，同時作抱彼實腿之狀，彼必跌出。

腿彎及小腿一鬆，腳即有根，像船之錨一樣。

5/23 —— 腳、小腿、腿彎愈無力，根愈實，不斷的由兩脇、兩胯、兩腿鬆下去。

用腿一推手全在用腿，想著用腿攻擊，如鈎、踢、插、掃、蹬、跪種種，但均僅用意動而已，不是形動，以呼吸（調整旋扭）在腿行之。

試人以平時推手之心，改為用腳絆彼腳之心，

即大不相同。要發時用腳踢彼（只在心想，不是真踢）。

發勁要找準彼之硬腳發或硬處發。

5/24 ── 心中用臀底胯骨（後胯）之力制人發人，用時要鬆柔，則兩腿很酸。

發時除兩腿分飛外，亦可將膝向上抬，擊自己之胸，亦可兩大腿前後分開。此全是以意動勁，非形動。

一動即小腿、腳、腿彎空而無力，則全身鬆開，力沉於腳底。

要練放心大膽坐下去，乃可全鬆。

推手乃求發勢、找發機，每動均為求發勢，否則己太弱。

5/25 ── 我以節節貫串，人均無法推動我，此中全在虛實變化，我如攻彼亦應如此用。一感彼力來，我即放開受力處。

5/29 ── 用伸展關節，何處受力即伸展（拉放）何處，即可獲勝。拉放既能柔化，又可將對方發出。

關節快速旋轉，何處頂即轉何處，轉之方向以順

11、「察四兩撥千斤之句，顯非力勝；觀耄耋能禦眾之形，快何能為？」

一般常說，太極拳四兩撥千斤，就可以知道太極拳不是用力來取勝的。看到了八、九十歲的老人能與人對抗，就可知並不是靠動作快來辦到的。

12、「立如平準，活似車輪，偏順則隨，雙重則滯。」

在太極拳，與人對手的時候，自己立身要像天平一樣，有個中軸，使四周平衡不偏；活動起來要像車輪一樣，也要有個中軸，並非一般性的站立與活動。若兩相頂住時，只要有一方順勢相讓，就可隨勢活動。如若相頂不讓，雙方都受到重力，由是大家頂住都動不了，這種情形就是雙重。

註：原文中「偏沉則隨」的「沉」，恐由於傳抄誤植而不符文意，故改為「順」。

彼來力為佳。感彼力將來，我即先放開將要受力處。

5/30──打拳招式完全用襠變化出來，不是動手及肘，則勁力全在兩腳（要用襠內之氣轉動地下之氣）。

5/31──想著節節貫串，用勁走他處化，非用身化。頂抗在何處，何處即放大。

氣在身內因勢隨心運轉，要不停地運，身要倒時不是靠腳撐，而是靠別處關節轉動穩住自身。

身要倒時不是靠撐力，用撐即有力，而是放棄撐，利用他處關節運轉之力，則身可柔，或用他處小青蟲（假想）扭動。

「**其根在腳，發於腿，主宰於腰，形於手指**」，兩肘避嫌不動，手之動作由襠之變化形成，襠之變化由腰胯主宰，手指就產生了形狀。

6/1──發現應以身應對彼身之勁，不應用手。

制人內勁要快要微，使彼無絲毫得先。

彼大力衝來，我讓開轉向彼身後未及一半，彼已失控而跌出。

6/2 —— 我意注於背（或背後），則彼不知我，氣歛入骨彼亦不知我。

制人不以手制，應以身制，且內勁要快、要細微。

身手之變化要以襠與踝之變化形成，而胯膝踝要無力身方柔，先以掤才履 擠按來練，此乃以簡馭繁之上法。

彼若頂來，我佯作與之相頂以引彼之勁出，待彼力大時，我即順勢回身察視我後腳跟，此乃才履 之妙用， 或由彼身側轉向彼身後，彼必順我勢而跌出。

存心用發就發不好，專心做好動作要領即可。如用拉筋、旋扭關節、飛腿、挪褲、回身看、抱彼之腿，專心做要領，不要管發與不發，乃可出其不意（推手時均要如是）。

6/4 —— 練脊髓，小青蟲上天梯，一子一子的在脊中上升，也可用以在虛處動，在虛處因應來勢之快速變化，虛處在哪裡，小青蟲就在哪裡子（屈伸），彼搖頭無法應對，彼再用大力，我棄實就虛，虛處小青蟲子個不停，彼即被迫出。

6/6 —— 用虛處放金光發人，亦可用掌放射金光發，

身上處處可放射金光發人。

　　柔就是化，柔用「縮骨拉筋」調整腰、胯、襠、踝、脊與體內中心一點或一線互相牽引，則內勁生。其中有拉筋縮骨，節節都動到，向中心點縮合，向四周伸散，一合一開，以強化內勁。

6/7 —— 只是運氣還是不夠的，氣要開合收放，收者天地氣吸入骨內，放者氣充於四肢皮毛。觀音手、如來身放光發人，一感彼力壓來，我即先放鬆已身將要受力處放光發放。

　　襠氣向下轉動地氣，不可向上，腿腳要無力，無力乃能有力，即是勁。

　　每一動是求增強柔度而非隨便動動。（放長骨筋）

6/8 —— 與人推手，聽到彼正欲調動腳時即放光發之。

　　化彼來力用折疊轉換，則可鬆柔綿綿不斷，彼必落空，摸不到我。彼力一來即有形勢，我即順勢移形轉換內勁，猶如走架中招式之貫串，用折疊轉換連接。

　　推手時，聽彼勁不必一定要用手，也可隔空以眼聽之，機到時則放光發之。

我用觀音手發光按人，彼被按出近丈。

6/9 —— 凡動都在動檔胯腰而已，上身肩胸背均只求柔。

　　以腰胯折疊轉換，向下調整檔腳，向上帶動脊肩。

6/10 —— 我用氣在骨中纏、在骨中走發光，力甚大。雖在骨中，彼仍被轉出。用骨髓發光，力大且柔。發人用「**默默水奔流**」，則輕而有力，發人不見形。

6/11 —— 「**海浪撞壁**」，進時似海浪撞壁，海水產生迴轉；退時似海水撞壁後，向後向下退落。一直這樣想，自有奇妙產生。

　　凡運動都是動檔胯腰踝而已，全身關節筋骨配合一起動，以沉肩、涵胸、拔背等配合助勢。

6/12 —— 只動腰胯檔，全身不動效果極佳，以不用力之心力量更大。思想要固定在只動腰胯檔，心中求全身不移不動不變。

　　用腰一弓，尾閭向前一收，脊椎下插一氣完成，發人於無視無聽之間。

6/13 —— 柔身不要用力，但要好像在用力，練精神力量，好像在移山倒海、拔樹倒屋，內氣自然迴旋開合，自然呼吸鼓盪。一切由好像用力來帶動，以心主導。

調整腰胯襠變化，踝、足、腿、湧泉、腳趾及膝同時要跟著調整。

6/14 —— 其用左腿前衝時，我擊其右胯，反之亦然。其尾閭、脊椎垂直時，我用腳擊彼腿部；其弓腰前傾時，我猝擊彼腋或脇處，均以不令人知為用。

今悟勁氣繞過腳，凡動均要繞，首在繞。

一動即纏，心裡要做某種姿式，要由纏產生（完成）。

6/15 —— 纏脊骨彼即倒，因纏脊時勁落於腳跟。

把身交下去，腳也自願接納下交之力（很重要）。

「拉筋縮骨」及「伸筋拔骨」，一為合，一為開，一為退，一為進，以調整腰胯來做。每一動要做得長而無底，往復時要有迴轉。

6/16 —— 種種變化均不離氣貫於足，吸引地氣由尾閭

進入脊椎。

　　心想將天上一顆星通過我身吸入地心一點，發力驚人。要以天上一顆星，將地心一點吸入效才大。在以前是以臍一點吸尾閭尖一點發放，與人試效力甚佳，繼而推及天心吸地心，向上一直吸入天心發放。

　　彼以柔，我以自彼肩直向下拍向彼腳跟，彼即上跳。拍時用身力，非用手力。

6/17 ── 初學先注意做好沉墜涵拔開落，頂勁領好，以腰胯檔動實為基礎，愈來愈覺重要，以腰胯帶頭，不許肩出頭亂動。

　　前進時以身氣補足腳中之氣，後退時以足底吸地氣入身，並非僅在身內運氣。足氣在足之筋骨上下走，則跟勁足。

6/19 ── 肩墜肘用途大，不但可化彼壓我肩，彼若壓我腰胯或身上任何處，我均應用沉肩應之，比僅用腰胯化要好得多，因肩一沉，腰胯即柔，與人試均甚有效。

　　運動要學動五臟六腑、筋脈骨髓，不是動四肢之體。

6/23 ── 勁氣要向腳縮，不論進或退都是向腳縮，下縮身才柔。前伸即成僵勁，前進時形雖前伸，但氣勁是下縮，這樣足才有根，身才柔。

6/24 ──「縮」字太好了，凡動即先縮則身柔腳有勁。要前進快下縮，否則腳浮身僵，後退顧盼也一樣均用縮。站著不動時也要一縮一縮不停。縮中有開襠，吊襠縮胯之意（隱身）。縮身隱退，縮身化風，隱身化風。

6/25 ── 丟肩身自柔，丟肩身才柔，丟肩就可沉肩。
　　推手時如想著丟肩就柔，如只想著推手就有抗力，故要丟肩，不要有推手之想。

6/26 ── 丟肩、落肩、沉肩、放肩、卸肩、開襠活胯，推手練拳就是做這些。

6/27 ── 續昨，要挪褲（接吸）退褲（呼發），挪褲拔鞋（吸），退褲穿鞋（呼），吊褲襠、寬襠、活臀（勁甚烈），丟肩、落肩、提頂、拔頸（避免用力），軟腿空胯全要有。
　　如來身、觀音手發光之同時，更須抱吸靈氣而成

隱身皮毛發。

用拔鞋、卸肩、退褲、挪褲之想活腿甚有效。

6/28 ── 凡動均在求中正安舒，求得機得勢。

微一動就要周身調整變化，求得機得勢。不可化過彼勁即止，要周身氣無止無盡轉變，發揮攻守之功能，能攻能守。

發勁遇彼相頂抗時，用冷處吸彼回發。彼頂我時，迫其在一處相頂後，隨即挪冷處吸發之。

6/29 ── 對敵時，化勁是將勁氣向腳底縮，同時產生纏。主勁在於挪褲、退褲、卸上衣、拔鞋、吊檔，全部在用轉。

7/1 ──【柔身】

以動小青蟲身最柔，配以昂首。以兩關節在身內努力互動，他處自可柔，遇有壓力即如此做，身即極柔，不是全身亂動。關節互動時身不可自動，要力保不動，力保不動即力保二關節互動時肩不自動，身不散亂。一切動作變化全在二關節互動，乃可節節貫串。

站立時要作準備攻擊人之勢，只要鬆開兩胯作勢

即可，身不可僵，這與作勢跳類同，但比較好，此即似鬆非鬆、將展未展之騰挪。作勢攻擊為求靈活應對，或前攻、或左右、或後才履、或上或下、或退採，或進步靠，變化莫測。

心中一直在準備攻擊，則周身輕靈。

一切動作全部用臀（二片為陰陽）互動作出，不要亂動。打太極拳一直在丟肩、扭臀、寬胸、拔背、開胯、吊襠、提頂……等等，用此等，尤其是二臀互動救兩腳（含小腿）之空虛、上浮或有力，而不是在比外面形式。用臀即用胯。

要作勢攻防才算是十三勢。

7/3 —— 原來不是扭轉伸縮，不是走架，而是呼與吸（站好便於呼吸之姿勢），以呼吸代替用力動。

做節節變易節節柔，柔不要有底，在不能退時只要放開僵處還是有退路，不可自己限制住自己，退路要愈長愈深。要變易不易，即在動作變化之時保住要領要不變，即得機得勢。柔要長要深而無底。

7/5 —— 柔，動時乃作骨節筋肉變動，不是比形式，乃能柔透，用動（俗動）即生僵，要變化筋骨，由粗而細微，用一般性的俗動，是不可能柔的。

打太極拳心中要裝模作樣、裝腔作勢，這就是練神練意，而可輕靈。

7/6 —— 柔，要做丟肩、伸縮、開檔、扭胯，不可用俗動比形式，比即僵，就不可能有太極拳。

化中帶打，不用手打，用身，或用胯檔任意隨便動一下即可，就非一般性的動。

對峙時用全身骨節動。

7/7 —— 太極拳之應用全是太極陰陽之變化，所謂陰陽相濟即虛實之應用。一切如柔身、周身一家、不丟不頂，全為實踐陰陽變化，使極為靈活。

柔身，柔身要用腰胯腿動，即伸腰扭胯，用腰胯腿動就不會僵，若用俗動，妄想能鬆柔！

7/8 —— 氣要向下運往腳底，通入地下深處，使人與地相連相通，要不停地向下補足腳氣。

一定要用呼吸柔身代替動，腰腹之氣成捲浪。

練時要腳上小腿無力，以防倒時腳浮。

7/9 —— 不要用撐腿求不倒退，要用落胯使兩腿腰胯均無力，掛在兩腋或大椎、頭頂，任彼推來，身乃柔。

以小青蟲發，力甚強。（假想身內有小青蟲，用以發）

7/10 ── 胯向下落掛在頭頂上，身上骨肉均下落，不可留在上，即「**滿身輕利頂頭懸**」。兩腿不用力撐，兩腳底受力越實越好。

不要亂動，要用腰胯腿來動，此即「以腰腿求之」。不但「**不得機不得勢，以腰腿求之**」，就是任何一動均應以腰胯腿求之，腰胯腿動變就有內部活變。一動由腳至腰全動即可完整一氣。提頂吊襠、力由脊發、意由心生，配合與地下意想之樹根相連，以氣貫通，清靜無為，周身柔軟無比。

7/11 ── 以腰胯動而能形於手指，即手勢之變化係以腰胯之調整產生，這就是「**形於手指**」，有這樣的心理才能全身之動變完整一氣，一動全動。

彼亂衝亂打勢猛又快，我在化之同時以小青蟲順勢擊之，千萬不可用手，要一羽不被加，使彼完全落空，只化無還擊是不夠的，要化擊一體，化開彼勁乃為擊彼。用周身小青蟲擊即有無數無形之手。還擊時前後、左右、上下、斜角均順勢而為。

7/12 —— 彼擊來，我化時立即用身內小血筋或小青蟲反擊。

7/13 —— 凡欲動先運氣，即可用內氣開合呼吸來動。

7/14 —— 練伸縮，熟練後很實用、很厲害，故有「**一伸一縮即是拳經**」之言。伸與縮均先要使勁回到腳後開始，勁方可整，而後能伸中有縮、縮中有伸。腳底配合脊、胯、小血筋則勁強。

　　如人猛力衝來，我用勁從腳底開始以縮化之，彼必被攦出。

7/16 —— 一般人出拳總是用意又用力的，「**用意不用力**」就是出拳時心中只用意不把力用出來，這就是培養內勁，用意不用力即是內勁。

7/17 —— 化彼來力，不僅是柔身縮退，更要用**T**字形化，即用圓弧化，圓弧要在背上或背後劃，不能在接觸處劃。彼之來力線為「**I**」，我之背後弧為「**一**」，即成**T**字。

7/19 —— 化要用「沉、墜、涵、拔、塌、落（臀）、

開、坐（胯）」等八大金剛之動，不是俗動，不可俗動。俗動就是亂動，是一般的姿勢動作，太極拳不可能是一般的姿勢動作。

7/20 —— 頂頭懸可用胯懸於頂，定步退用開檔落胯，則兩腿穩實。

7/21 —— 僵勁用涵拔等消除，凡動必生僵，隨時用涵拔開落來消除之，同時腳要有根，此消除僵之基本方法。

先涵拔再運氣，以小血筋為用。

氣不可只在身上運，要貫足於手足，運時以手足為根連及百會、會陰。

7/23 —— 發勁用在身上某處丟出一塊肉似的（原用丟乒乓球），尚有用小青蟲、用虛處、用抱彼身內之力，用吸遠處之氣回。

7/26 —— 要練「變」身內氣勁虛實之變化，即「**因敵變化示神奇**」之變。涵拔開落之變，主要在腰腳胯腹之變，根在腿、腳。將彼後攦時用縮身，前推也可用縮身。

太極拳
本貌

13、「每見數年純功，不能運化者，率皆自為
人制，雙重之病未悟耳。」

　　每見練了數年太極拳，不能化解別人的攻勢，常
為人所制。太極拳的敗，都在於犯了雙重之病，雙方頂
住了就無陰陽，就不能運用陰陽消長變化的技法勝敵。

14、「欲避此病，須知陰陽。粘即是走，走即是
粘。陰不離陽，陽不離陰，陰陽相濟，方為懂勁。」

　　雙重在太極拳是一個根本性的缺失，雙重了就沒有
陰陽，要避免雙重之病，就要懂得陰陽變化的運用，
即如前文所說的「無過不及，隨曲就伸」、「偏順則
隨」、「左重則左虛，右重則右杳。仰之則彌高，俯之
則彌深。進之則愈長，退之則愈後」等，都是陰陽相濟
的運用，功深以後更要陰中有陽，陽中有陰，故拳論
云：「欲避此病，須知陰陽。粘即是走，走即是粘，陰
不離陽，陽不離陰，陰陽相濟，方為懂勁。」粘即是
走，走即是粘，即是粘中要有走，走中要有粘，即是陰
中有陽，陽中有陰，有陰有陽，才有太極。

　　這一段話已是太極拳在拳理上的全體，說明陰陽變
易的規律在拳術中的應用，太極拳的精奧即在於此，而
能以柔弱勝剛強，離此理而言太極拳，是有其名而無其
實。

三很：很輕（才有力）、很柔、很穩。

三搶：搶勢、搶快、搶先—都是練用意，用好像的意思。

7/27 —— 先用腳底（旋）浮之，隨即發之，始為正法。

　　用腰旋亦可前發。胯是磨之下盤（固定不轉），腰是上盤，輕輕旋之即可，甚厲害。

7/28 —— 一切以腰腿腳（下盤）先反應，即以下盤先動，即可勝人一籌，一切以腰腿腳對應，方為合法。

8/2 —— 運動用挪褲，挪上為吸，挪下為呼，身如一柔粘體，同時副以拔鞋，稱之謂挪拔，並無凡常之動。

　　雲手之旋如用轉腰之想，則身必僵，要用挪縮腰胯之想則輕柔而力大。每旋均要有將彼吸至側後方遠處之想，不可僅只旋而已。

8/3 —— 用一般俗動之想對應，身手上即有僵力，若用挪則身手輕。故人會被迫出，因是用俗動應付。

8/4 —— 挪也要用虛處小血筋。動時以立即停而不動之想即是用勁，即雖動，心中有不動之想。

8/5 —— 對應全在用腳、踝、小腿內之變化，意識思想亦在腳腿因應（全用腿腳應對，方能身柔）。

處處留心作準備「挪」，不但挪褲，同時挪上身衣服則勁更大。總之打拳是在準備挪，用挪就是在用內勁。

意想由臍射光發很有效，勁力很大。

8/7 —— 氣努力向下練，用挪將氣深入地下後旋向上，地下氣要充足。

氣自腰以下至地上形成一圈，上下旋轉，有圈即轉，注意有圈即轉。昂首轉圈，動即轉圈，深入地下，以圈穩身，全是以意行氣，即是內呼吸。

要假想彼攻我上部，我以下面腰腿應，培養習慣，以挪最捷便，以轉圈最靈活，使勁力不要冒到腰上面來。

8/8 —— 縮（上下向腰縮）、挪、纏、虛（空）、圈、脫（扭脫衣）、化、柔、吸。

8/9 ── 化時勁力一定不能用上身，要壓至腰以下，任何狀況下勁均不能在上身（全用腿腳）。

以專心聚勁拉伸腰椎與胯骨發，力大而便利。

8/10 ── 我用氣在脊椎內上下運，每可把人迫退。

8/12 ── 化吸時將腰椎與胯縮近，發呼時將二者推開，再推而及之於膝踝，此初學入門者練之甚得益，即快且實用，功深者練之為應用之一法。行功時想到仙骨一側四洞乃順暢。

我以斜飛勢捯彼，彼使力相抗，我即變柔不與相抗，以柔迫彼，彼浮動失敗，故愈強力抗我，我以愈柔剋之，即以柔克剛之實例。

8/13 ── 全以腿腳應對走化，確是一大改進，如是則身全鬆柔，腿要練活。

8/15 ── 發人全用隱身隱力，毫無發意，則比用求發得遠之想又綿柔又舒服。如再同時將僵與力歛入骨，則發力更大。再融入吸與抱肚則當更佳。

8/16 ── 以藏身隱力代替動來發，加以收歛入骨之

想。

挪要用單腿挪方全柔。動時以虛筋帶動。

8/17 —— 搶先動用虛筋動方快，即彼先動，我以虛筋搶先動應之，彼必被擊出。

一切由腰腿解決，用腿腳化，配以在襠中變化氣圈。

8/19 —— 全在運氣，氣要活，以運氣代動乃氣之活，非身活。以腳為根與地氣相通連，全由腰腿化。彼壓我，我運氣不動，則身自柔而力沉於腳，如一有慌亂而活動，即生僵力而受制。

用時丟去實處不用，虛處自出，即實丟虛生，亦即藏身隱力用虛處。

發勁用得機之虛處放光，類似用觀音掌，亦即實丟虛出。動止靜生，即動時實處不動，靜處虛處自然產生動能。

8/20 —— 切記，做任何動作想動後立即不動身即柔。靜待彼之動，我以動虛處制之。如起動後無立即不動之意，則全身僵力產生。求不動乃求身柔，要在不動中靜候彼之變動，並在各式姿勢中轉動帶脈中之氣以

活勢。

　動中求不動或反向動之意，以求保持自己處於中定之中，靜察彼變，如此即產生呼吸，此與7/13呼吸同，一想動即用呼吸就可不動了，動靜之中要有呼吸，不作動靜作呼吸。

8/22 —— 以呼吸代替運動，凡動時即先好像大力呼或吸，身體肌肉要放輕不用力，好像是大呼大吸即可代替動。

8/25 —— 擊發必以虛處，可用二虛處相合擊發。虛處經意一用即變實，故可發，虛的本身是不可能發的。

8/26 —— 打拳以自然順暢為準，不必拘泥於形式。

　用湧泉與丹田配合呼吸，全在腰腳，不到上身，用湧泉呼吸。

　敗在腿不動，不敗在腿動。

8/28 —— 動時棄實用虛，用小血筋就是用虛，用小血筋吸彼身重心點，或吸前方樹石等之氣，或四周天地靈氣，或用虛筋行吐納之法。

　或動時用意輕旋帶脈產生動力而動，或用皮毛之

力而動，雖在動但要始終求身柔並站穩以為根基。胯始終要空，檔始終要開（鬆）才能進功，或以拉筋來動。

兩臂感到很重表示肩臂已鬆，手時時稍向前伸，使手上氣通至脊。

8/29 —— 要想用腿動腿，走（跑）路之想不可少，腳要有根，需有走中不走之意，則始是真動腿。只用走之想就輕而浮。要有走中不走之想，則即沉而重。

身未轉心先轉，方能輕靈得機勢，即身尚未轉動，心裡已轉了過去，推而及之於其他動作。

心裡已先動了，即心動帶動身動，則周身輕靈。如身先動，則必周身僵滯。心先動是將身上筋骨先調整好，招式尚未做心裡已做好，則身自動，故輕靈。發人尚未發心裡已將之發到預期地點，即未發心已發，凡事均要未作心先作。此功相同於發時將前方某物氣吸回來似的。

即「先在心後在身」，心裡先做，身體隨後動。

要做好先在心，心裡要有完成某種動作之具體形象，否則發揮效力不大。例如如想要將人發出，心裡先要將彼發到某處、某種形狀。又如要打一式，心裡

已打畢這一招式，則身自隨，即一切均以心做、在心裡想，心裡一想，身已作好勢，再動就容易了。

　　拔鞋跟與插足入地之勁同，均係發動腳勁。

　　若人衝來，除旋外更有縮，縮乃縮胯之上下，即由腰至腿之部分，不可超越該範圍，超越則無效，身不可動，胯之上下縮即可。

8/31 —— 將力全交給腿腳，上身即柔。再動腿、活腿、柔腿。柔腿要綿，不可斷。以俗動作各種身形之變化有礙上空下實，故腰胯內勁要隨勢調整，以保持上空下實、上靜下動，保持上身一切勁力沉於下盤，變動全在下盤內勁之調整，不調整腰胯勁氣實沉不下。換言之，柔身全在以腰勁將力下沉於腿腳，所以不要盲目亂動，要以腰將力沉於腿腳來動，以求柔身克敵，如以俗動來化彼來力，則身必有僵力，以腰將力沉於腿腳來柔身即可柔。故每一動均要柔身，力全交與腿腳，以腿腳應對。

　　上空下實之調節全在於腰胯。對敵用下不用上，上危下解。無論動止，始終保持上空下實。要柔，即要以腰胯將上勁調併於下，始上空下實，集力於腳腿。

　　每動內勁均要連到腳跟。

9/2 —— 動就用腿動，騰空上身。

　　以腰胯扭動全身，根在腳，上身騰空，即拋開上身不用。

　　將力完全集中在腿腳，全以腿動。先純練化，待化勁純熟後，即有餘意引拿。引拿亦全用腿化去彼實，從彼虛處拿彼實處，發之、制之均可，或在化中順彼勁發之，全在用腿腳隨彼勁之後加速以發之。

　　引乃在化中順彼之勢、迎彼之實，引入我勢中發之，此為被動之引。主動之引乃故意加勁於彼，彼意必注意因應，我之勁將彼虛實引出，即出其不意、攻其無備，總之主動引乃引彼之注意力，我以虛實之法擊之。

　　應彼連續快推，要練活潑胯溝之力。

9/3 —— 鼓盪乃用氣在身內外翻滾，壓力雖在上身，但用下解之。氣在襠內外轉圈圈，大小、位置、方向隨外力變化而變化，可深入地下，此比用腿動更進步，全在運用意氣走化。

9/4 —— 在走化中注意用我腰椎攻彼腰椎。有機勢時以用我心打彼心臟之想發之。後擺時用我腰椎吸彼腰椎。走化用腿，攻擊用腰椎，專心注意彼我腰椎乘機

發之，或用氣海之氣發之。

　　腳要浮而不穩時，立即轉動腳中之氣，調整腳勁。

　　在動以前先調好腳氣，以求腳勁與身勁協調一致，動時腳氣一直在調，以穩根。

9/5 ── 雖有萬千姿勢架式但不可做，不可自己用俗動做，其奧秘全在動胯腿，姿式自成。只動胯腿，若自行亂動就成了空求白練，周身僵力，不能鬆柔，就是證明。

　　在未動之先不可亂動，要先動胯腿，先亂動即失根。只要頭不移不動，上身即不先動，控制在腰下先動。

　　尾閭尖一放即發出（即用開檔發）。

　　不妨以局部拉伸，或虛處放光連續發放，迫壓對手。

9/6 ── 肚皮及身前面氣要流動不可停滯，臍收住合腰椎十分重要。

　　虛心退讓神注彼，不頂不抗足氣調。

　　一旦接到發放機，閃電發放人不知。

9/7 ── 往虛裡藏，讓人不知。

無意之中是真意，無力之中是真力。

9/8 ──「意在精神不在氣，在氣則滯」，即不要刻意運氣，在動作未動之先，心中已先動，是則氣自隨心意（精神）而運行，毋須運氣，如刻意行氣，氣反呆滯。

9/9 ── 要不敗就要完全以腿氣變化，調順足氣應對。

用腳底挖土發，挖深土，作好挖的機勢使腳有力挖。

練胯，用胯中一點應對，拉開胯筋。

9/10 ── 只活動胯骨部分，他處不參與活動，只做胯部之放寬、放長、放鬆、放大、縮小、收緊。

9/12 ── 主宰在腰，乃以腰主宰胯腿腳來動，故不可稍有亂移亂動腰，只是主宰，在各種不同姿式中主宰，不是只動腰。

9/14 ── 動限制用腰胯動，腰胯伸縮才有用，不可

超越範圍，用於前發後才履　才有效。腰胯局部伸縮
人不知，即綿裡裹針。身體柔化即綿，在化去來力中
用伸縮腰胯（局部）發之，即明化暗擊。前為化去來
力，後即用腰胯伸縮擊之。

　　迎送全在用此腰胯伸縮，要隨機變化靈活，要訣
之奇妙，乃在限制在用腰胯局部動，令人不知。

　　以拉筋化解來力，甚佳。今宜以拉筋替代運氣，
拉筋實亦已在運氣了。

9/15 —— 用拉筋來化、來打拳，拉筋太好了，拉筋一
定在實處拉，拉筋身自柔，不柔自柔。

　　將彼力及己勁全吸入骨，效甚大。彼既不知我
勁，更有壓力可將彼壓制住。

　　好像在拉筋才是真拉筋（運氣），不是用力拉。

　　沒好像拉筋即空動、即亂動，每拉腳跟勁均要加
入，以拔腿筋來做。

9/17 —— 意注臀底，氣貫腿腳，練下盤氣。

9/18 —— 制人時摸到彼頂抗（硬）即可發之，用小
血筋伸縮、伸縮腰腿、放肛、吸彼硬力或前方樹物之
氣、拔鞋、皮毛、發光、腳挖土等等均可發。

運動全在以心行氣、以氣運身，並非以俗動，根在腳。

發人用收回不是用發，力才大。柔要用小血筋，用小血筋即是用虛，離小血筋，僵力即生。

小血筋處處有，骨肉、骨節都有。

要確實做到上空下實，必須力全集於腿。放棄上身，身才能柔。要身不倒，足氣要隨勢先調順，足不倒身自不倒。上身之力要集於脊，不可到他處，上身即柔（下用腿，上用脊）。

無論進或退，勁均要下沉至腿，上身始柔。如用腿撐或蹬，僵勁即上升。

9/20 —— 用腿應對，活腿用拉開關節之心，腿才靈活。

心中練用腿快跑，以充實腿勁。

9/22 —— 力在腿或腳，動在腰胯，以化來力。

9/24 —— 將彼接（或拿）住後，發用腰擊彼之腳跟或自己前腳跟。後退用腰吸己後腳跟。

走架絕對不可想打招式，從想則生僵力就可知。前進要用腰合前腳跟，後退用腰縮後腳跟，左右轉用

腰伸縮，如此則既發揮腰腿又能身柔。只如此做，一點都不可有進退轉動之意，有則僵。

　　腳底挖土要做好。

　　用小血筋打拳，打拳用小血筋。

9/25 —— 發人必先拿之而後發，攻中化中都要拿，拿好後才能處理之，像一個球在手中，拿好後始能擲。

9/26 —— 動均為內動，故不為人知。收入骨、向內動、向內收，發時用內動，人不知。

　　氣在腳底換、腳底入，全身柔。

　　氣在腳底換，腳就像樹根。

　　今授人內柔、鬆散，彼功力大進。內柔是吸，鬆散是呼，要輕靈，如此練呼吸，功非小可。

　　好像用力（如遇阻力，力很大）。用手打，但手不出力，心想由腿出力，此是練氣練勁。

9/27 —— 拉腰與腳跟間之筋，動均在拉筋。

　　要倒出時都是因為腿撐出硬力，故要丟下盤以柔腿。授人內柔、鬆散，彼大有進步。

9/28 —— 暗動（柔）局部人不知，軟化身之僵處，有

15、「懂勁後，愈練愈精，默識揣摩，漸至從心所欲。」

　　依著太極陰陽變易規律在拳術中應用，就已是懂勁了，由於方法與方向正確，可以愈練愈精。

16、「本是捨己從人，多誤捨近求遠。所謂差之毫釐，謬以千里，學者不可不詳辨焉！」

　　太極拳要運用陰陽變易的規律為拳術，就必須隨人之動而動，捨棄自己的主動，方能陰陽相濟，可以輕易取勝，亦即利用「偏順則隨」、「隨曲就伸」之理，其中即有太極。許多人不是這樣，與人頂抗拼鬥，即是「雙重則滯」，反而難以取勝，近路不走，走了遠路。「捨己從人」是捨棄自己的主張，隨對手之動而動，其意涵與「偏順則隨」、「隨曲就伸」是相同的，都是體現陰陽消長之理的應用。失去了方向，就失去了一切，所以拳論乃言「差之毫釐，謬以千里，學者不可不詳辨焉！」

僵即軟化。

9/29 —— 發時全身放棄（尤其肩手）讓身鬆散，非以用力發。

9/30 —— 用腳跟將周身筋向腳跟拉，身像一棵樹。

專心用兩腿運氣呼吸，下及湧泉、腳趾，上及腰椎，全用腿行（應對），彼無可奈何。

10/1 —— 對付頂抗用虛氣，即用虛處發，亦可用內柔發，交替使用。

明化暗蓄。

推手不忘在走化中求發機，氣在腿行，根在腳，氣之高低隨機調節。

心中要棄身就氣，用氣不用身，更要棄氣就心神意，乃至空，心想事成，以上均由「以心用氣」而成。練用風吹人，力在腿，根在腳，全是用意。

縮坐伸站，均用伸縮腰、大腿。

局部伸縮大小腿、腰椎、脊椎等比較好，不為人知，使用便利。

10/2 —— 舒筋散骨（開），收筋斂骨（合），用如此

收放、緊鬆、小大、剛柔、動靜等，一開一合走架，功非小可，此即太極拳的內呼吸。

氣壓在兩腿運，不要在上身，彼推來，我一柔身，彼即被彈回。

10/3 —— 我在脊椎一直線向上運氣，彼即被發出，或在生命線、壽命線（在脊椎）行氣亦同，但總需在一個線上運行。又意在百會與湧泉，周身即可全空。

10/4 —— 回身看自己背上有何東西，左看不成即改右看更兌，彼只要加力於我均可用之，以先引到我背勢狀態下用之為佳。

發勁時完全不可用常態發人之想（此為實），而是以另種意念、心意發，如先與彼頂抗，而後猝然放棄，立即改用回身看自己之背，彼必然被攦。

用吹風發勁，以風從周圍吹襲自己，比吹向對手好，此即收筋斂骨，吸氣入身。

用心中先想吹彼，立即改吹自己發。

凡動作均為周身氣之進出，即大小，進為小，為收筋斂骨；出為大，為舒筋散骨，亦是呼吸。

又無論進退均用縮局部則勁較大，均為求柔化。

四兩撥千斤一例如先引彼力出，愈大愈好，隨即

用小力擊彼別處，輕輕一擊，彼必被擊出。

鑽天入地—假想自己鑽入地，又飛向天，以練神與氣。

10/6 —— 用小血筋打拳、粘化均是很好的，身才全柔，比運氣好。

人推來，習慣上均由上身讓，要由腳（下部）先讓（對應）才靈活有效。

10/7 —— **欲動即止**—以吹氣發，欲發即止，改想以氣由腰吹向下。

動時一動即止（仍在動，但心中有不動之意），其理在於動為身動，止後之動為氣動。一止天地氣就歸向我身內骨中。

練內部調節活動，不做外形才是真練。向內活動由腰胯調節上下盤之筋骨，向身體中心活動，使氣貫全身各處。用筋脈、骨髓、皮毛呼吸。

10/9 —— **欲動急借天地氣**，借天地氣入身內應用，日月星水火風，山川河海之氣均可借用。

10/10 —— **欲動即止急求中**，求中乃站穩求中定，永

遠能中定、永遠不敗。求中定主宰在腰腿，即用腰腿調節，此已全在用意。

一動即止急用氣，在好似用力中用氣，即感氣全在腰腿，兩腿有力。

只是氣動，不是身動。氣只要不停地動就可，不用採什麼方向，不是以身體動形式。

以上所言以隱身吸氣即可也，切忌動形式，一往一復，身只如風箱。

隱身吸氣（收）（合），隱身鼓氣（放）（開）即拳術。隱身是心中將身隱去，不用身之想。

此即棄身而就氣也，以已合天地也，乃氣之鼓盪也。

切忌用身動形，一定要隱身（棄身，身才不動）。

一定要隱身（棄身不用身），氣才可鼓盪。隱身也要綿綿地隱，身才不動，氣一定要運得充足不能停，一動即隱身。

隱身一定要隱得好、隱得淨，氣鼓盪才能順遂。避開有力有感（身內之感覺），力求虛靈，氣在神意之內，要充滿全身，周流鼓盪不息。

不用身，是不用骨肉之身用意氣，一樣能有作用。

10/11 ── 既是用氣，自一定要止動隱身。既已隱身，棄身用氣，氣一定要足，一定要鼓盪收放，氣才有力。

隱去動移化作風。

10/12 ── 氣要運，運才有力量，如將氣吸入身內，或天地氣合身等之想，實際都在運氣，故有力量。未動之先先化風。凡動移身有感覺處均化風，化風要即化即運，才能有威力。

在動中要有身不動之想，才能「**靜如山岳**」。

「**動若江河**」是氣在身內流動不息。

在動中棄動而求隱化，即產生呼吸收放。棄動即棄有，無有則全是神與氣。

10/13 ── 動只是氣之大小收放合開，將外氣收歸身內一點為靜，將小點放大與天地合為動，運動即如此一收一放，氣之一合一開而已。

前進用放大，退後用收小；發放用大，蓄化用小，此全是言氣。

10/14 ── 在腿上處處可挖土，全是意想，以求發動內勁。

一定要氣歛入骨不為人知。

活腿要好像腿很用力在對強敵，氣在腿中行，此為要訣。

落襠，襠要落下去，身才柔。但落襠最難，兩腿受不了，所以要練，使氣完全沉於腳，威力自生。

10/15 —— 垂直下沉腿很酸。制彼之動，用扶他不讓跌倒之心，以發動內在意氣，且身可鬆柔。與勁敵互制時也用此心。

用天氣由頂肩背入，地氣由湧泉兩腿入，在體內充入骨節四肢。

10/17 —— 用實中之虛（小血筋）為近便。

全身尤其腰胯要完全鬆散，則天地氣自入，即產生勁，氣入為吸蓄，出為呼發，此即收放、小大、開合。主宰全在腰胯，產生動靜、陰陽、虛實、剛柔，此即太極拳之基本。主要在腰胯之鬆散，一動一靜均要鬆散，氣才順。要鬆散腰胯腿，一鬆氣即足。

【第十冊結束】*1999年1月1日~1999年10月17日筆記*

memo

| 眾妙之門・中卷 | 5

太極拳透視

作　　者｜陳傳龍

發 行 人｜曾文龍

總 編 輯｜黃珍映

文字繕校｜林燦螢、黃珍映、薛明貞、沈盈良、鄭秀藝

美術設計｜劉基吉

圖片攝影｜吳文淇

出版發行｜金大鼎文化出版有限公司

　　　　　臺北市 10688 大安區忠孝東路 4 段 60 號 10 樓

　　　　　網　址：http://www.bigsun.com.tw

　　　　　出版登記：行政院新聞局局版北市業字第 200 號

　　　　　郵政劃撥：18856448 號／金大鼎文化出版有限公司

　　　　　電　話：(02) 2721-9527　傳　真：(02) 2781-3202

製版印刷｜威創彩藝印製有限公司

總 經 銷｜旭昇圖書有限公司

　　　　　地址：新北市中和區中山路 2 段 352 號 2 樓

　　　　　電話：(02) 2245-1480

◆2019 年 1 月第 1 版　◆定價 / 平裝 新臺幣 350 元

◆ 978-986-92310-9-1

國家圖書館出版品預行編目（CIP）資料

太極拳透視：眾妙之門. 中卷 / 陳傳龍著. -- 第
1 版. -- 臺北市：金大鼎文化, 2019.01-
冊；　公分
ISBN 978-986-92310-8-4(第 4 冊 : 平裝). --
ISBN 978-986-92310-9-1(第 5 冊 : 平裝). --
ISBN 978-986-97217-0-7(第 6 冊 : 平裝)

1. 太極拳

528.972　　　　　　　　　107020349